AI와 신용 평가

AI문고

인공지능 시대입니다. 기계가 인간의 인지를 대신하고, 사물이 인간을 통하지 않고 다른 사물과 직접 커뮤니케이션합니다. 이에 따른 인간 삶과 문명 변화를 정확히 이해·예측·대응하는 것은 이 시대 우리 모두의 과제입니다. AI문고는 인공지능 기술과 환경의 여러 주제를 10가지 키워드로 정리합니다. 관련 개념과 이론, 학계와 산업계의 쟁점, 우리 일상의 변화를 다룹니다. 인간과 기술의 현재, 미래를 세심히 분석합니다.

일러두기

- 인명, 작품명, 저서명, 개념어 등은 한글과 함께 괄호 안에 해당 국가의 원어를 병기했습니다.
- 외래어 표기는 현행 어문규정의 외래어표기법을 따랐습니다. 다만 '딥러닝', '딥마인드', '딥페이크' 등은 관행을 따랐습니다.

처음이세요?

전문가세요?

AI와 신용 평가

최성민

대한민국, 서울, 커뮤니케이션북스, 2024

AI와 신용 평가

지은이 최성민
펴낸이 박영률

초판 1쇄 펴낸날 2024년 11월 22일

커뮤니케이션북스(주)
출판 등록 2007년 8월 17일 제313-2007-000166호
02880 서울시 성북구 성북로 5-11
전화(02) 7474 001, 팩스(02) 736 5047
commbooks@commbooks.com
www.commbooks.com

ISBN 979-11-7307-107-2 03500

책값은 뒤표지에 표시되어 있습니다.

차례

AI 신용 평가와 금융

대부분의 사람들은 사회 초년생이 되어 신용카드를 발급받으면서, 또는 내 집 마련을 위해 은행에서 대출을 받아야 할 때, '신용 평가'라는 용어를 처음 접하게 된다. 최근에는 토스, 뱅크샐러드, 네이버페이 등과 같은 핀테크 기업에서 내 신용 평점을 손쉽게 확인할 수 있는 서비스를 제공하고 있어 예전보다는 '신용 평가'라는 용어가 훨씬 더 친숙해졌다. 이러한 서비스들을 이용하면 본인의 신용 평점을 무료로 조회해 볼 수 있을 뿐만 아니라, 동일 연령대에서 내 신용도가 어느 정도 수준인지도 점검해 볼 수 있다.

학창 시절, 금융회사 성적으로 나의 학업 성취도를 평가받고, 대학수학능력시험의 결과로 내가 어느 대학에 갈 수 있을지 가늠해 보았던 기억은 다들 있을 것이다. 하지만 사실 누군가로부터 나의 수준을 평가받는 일은 과히 유쾌한 경험은 아니다. 그리고 그것은 신용 평가 역시 마찬가지일 수 있다.

그럼에도 불구하고, 신용 평가는 우리 사회의 금융 시

스템을 안정적으로 유지해 나가기 위해 반드시 필요한 요소라 할 수 있다. 개인과 기업이 원활하게 금융 거래를 할 수 있도록 돕고, 금융회사가 감당해야 하는 위험을 적절하게 관리할 수 있도록 하는 중요한 사회적 장치인 것이다.

금융회사가 돈을 잘 갚을 사람과 그렇지 않은 사람, 또는 빌려준 자금을 잘 갚을 기업과 그렇지 않은 기업을 잘 선별하여 대출을 제공하고, 개인과 기업은 그 대출금을 기반으로 활발한 경제 활동을 영위하며, 다시 금융회사가 원금과 이자를 되돌려받아 신용을 창출하는 일련의 과정이야말로 금융이 해야 할 가장 기본적인 기능이다. 그리고 이렇게 돈이 필요한 사람에게 돈을 적절하게 공급하고 여윳돈은 다시 금융회사로 모이게 하는 일련의 과정에서 신용 평가는 중요한 역할을 담당하고 있다.

신용 평가, 금융 생활의 시작과 끝

신용 평가는 대출을 신청하거나 신용카드를 발급받으려 할 때, 즉 금융 서비스를 처음 '시작'하려고 할 때 반드시 거쳐야 할 관문이다. 또한 현재 금융 서비스를 이용 중이거나 이용한 이후라 할지라도 대출 상환을 성실히 하고 신용카드 대금도 연체하지 않는 등 본인의 금융 생활이

건전하게 유지되어야 신용도가 안정적으로 관리되고 더 좋아질 여지도 생기므로, 그런 의미에서 금융 생활의 '끝'에도 신용 평가가 있다고 볼 수 있다. 다시 말해, 신용 평가는 금융의 전 과정에 스며들어 있다고 보아도 과언이 아닌 것이다.

신용 평가의 결과는 대출의 승인 여부나 한도, 금리 등을 결정할 때 주로 활용된다. 따라서 신용 평가의 대상이 되는 금융 소비자들은 신용 평가가 어떤 방식으로 이루어지는지, 또한 신용 평가를 계량화 · 자동화된 방식으로 하기 위해 만들어진 신용 평가 모형이 과연 어떻게 작동하는지 제대로 알아야 할 필요가 있다.

그러나 신용 평가가 금융 생활 전반에 막대한 영향을 미치는 중요한 것임에도 불구하고, 신용 평가의 대상인 금융 소비자와 신용 평가의 주체인 금융회사 간에는 정보의 비대칭이 존재한다.

그 이유는 일반 대중은 신용 평가의 과정이 다소 전문적이고 복잡하다는 이유로 관심을 두는 일이 적고, 본인의 대출 신청이 거절되거나 신용카드 발급이 되지 않는 극단적인 경우에만 본인의 신용 평가 결과에 관심을 보이기 때문이다. 한편, 금융회사나 신용 평가 회사에서는 신용 평가가 이루어지는 과정이 영업 비밀이라는 이유로, 또는 신용 평가의 대상이 되는 개인이나 기업이 신용 평가 방식을 상세히 알게 되면 평가 결과가 왜곡될 위험성이 있다는 이유 등으로 관련 내용의 노출을 부담스러워한다.

따라서 이 책에서는 신용 평가의 대상과 신용 평가를 하는 주체 간의 정보 비대칭 문제를 해소하고, 금융 생활의 시작과 끝을 담당하는 신용 평가에 대해 쉽게 이해할 수 있도록 설명하면서, AI의 발전과 함께하는 신용 평가 분야의 변화에 대해 살펴보고자 한다.

신용과 신용 평가의 의미

그렇다면 신용 평가에서 이야기하는 '신용'은 과연 무엇을 의미하는 것일까?

신용(credit)의 뜻을 옥스퍼드 영영 사전에서 찾아보면, 신용의 의미를 크게 세 가지로 정의하고 있다(https://www.oxfordlearnersdictionaries.com/definition/english/credit_1?q=credit). 첫 번째는 지금 사고 나중에 갚는다는 의미(an arrangement that you make, with a shop for example, to pay later for something you buy)이다. 두 번째는 은행과 같은 금융회사에 빌리는 돈(money that you borrow from a bank)이라는 뜻이다.

그리고 마지막 세 번째는 돈을 빌려준 사람에게 돈을 잘 갚을 수 있겠다는 신뢰감을 준 상태(the status of being trusted to pay back money to somebody who lends it to you)를 의미한다.

이 중에서 신용 평가 분야에서 일반적으로 쓰이는 '신용'의 의미를 찾아본다면, 세 번째의 뜻에 가장 가깝다고 볼 수 있다. 그리고 그 의미대로 '신용 평가'를 생각해 보면, 신용 평가는 금융회사가 돈을 갚을 가능성이 클 것으로 보이는 개인과 기업을 선별하고자 그 수준을 평가하는 일련의 행위로 정의할 수 있다.

그러면 돈을 잘 갚을지 말지는 과연 무엇을 보고 판단할 수 있을까. 신용 평가에서 신용도를 측정하고자 할 때 활용하는 데이터 항목은 평가 대상의 특성(character), 채무 상환 능력(capacity), 보유 자본(capital), 보유 담보(collateral), 조건(condition) 등의 5C 영역으로 구분할 수 있다(Thomas, 2000).

먼저 character는 평가 대상의 신용도와 채무 상환 능력과 관련된 특성을 평가하는 영역으로, 그간 돈을 잘 갚아 온 이력이나 채무 상환 의지, 정직성, 성실성 같은 개인의 성향이나 특성 등의 항목이 이에 해당한다. capacity는 채무 상환 능력을 평가하는 항목으로, 평가 대상의 소득, 고용 상태, 현금 흐름, 기타 재정 상황이 여기에 포함된다. capital은 평가 대상이 조달할 수 있는 자금이나 보유한 자본, 자산의 상황을 나타낸다. collateral은 담보물의 유무와 가치를 평가하는 항목으로, 담보는 채무 상환을 보장하기 위한 장치의 일환으로 사용될 수 있다. 그리고 마지막 condition은 대출의 목적, 사용 계획, 거시 경제 환경 등을 고려하여 대출 신청자가 채무 상환 능력을 유지할 가능성을 평가하는 항목들에 해당한다.

따라서 5C에 해당되는 각각의 항목들은 평가 대상의 신용 상태와 채무 상환 능력을 종합적으로 평가하는 데에 도움을 주는 요소들이며, 신용 평가에 활용되는 대부분의 평가 항목들이 여기에 해당된다. 그리고 이렇게 5C의 영역에 포함되는 다양한 평가 항목들을 활용하고 분석하여, 자동화한 형태로 신용을 평가할 수 있도록 개발한 도구를 '신용 평가 모형'이라 부른다.

모델링 기법의 발전과 신용 평가 모형

신용 평가를 더 큰 범위에서 접근한다면, 신용 평가에서 활용되는 신용 평가 모형은 과학의 영역에서 시작된 모델링 기법의 일종으로 볼 수 있다.

모델링은 과거와 현재의 관점에서 어떤 대상을 관찰

하여 수집한 데이터를 기반으로 하여, 그 대상의 상태 변화나 움직임을 예측하고, 이를 실제 결과와 비교하여 해당 연구가 성공했는지 여부를 판단하는 일련의 과정을 말한다.

그러나 어떤 연구라 할지라도, 그 대상과 관련된 모든 요소를 하나도 빠놓지 않고 알아내어 연구할 수는 없다. 따라서 모델링은 어떤 현상을 설명하기 위해 현실 세계에 존재하는 연구 대상의 전체 특성들 중 측정할 수 있는 일부 특성만으로 현실 세계를 추상화하거나 단순화한 형태의 모형을 만들어 내는 과정이라고 할 수 있는 것이다

과학자들은 신용 평가 분야에서 데이터와 모델링 기법에 관심을 누기 훨씬 이전부터 데이터를 적극적으로 분석하고 이용해 왔다. 그렇기에 물리학이나 화학, 생물학, 천문학 등의 자연 과학뿐만 아니라 경제학이나 심리학과 같은 사회 과학 분야에서도 데이터를 이용한 분석 결과에 기반하여 연구자의 가설이나 주장을 검증하는 절차들을 갖추어 왔으며, 이로 인해 모델링 기법의 발전은 여러 분야에서 지속적으로 이루어져 왔다.

또한 모델링을 위한 데이터와 방법론 측면의 혁신이 이루어짐에 따라, 기존 모형의 한계점을 개선하여 현실을 더욱 잘 설명할 수 있는 모형들이 지속적으로 개발되

어 왔으며, AI 기술의 발전은 이러한 모델링 기법의 성능 향상에 크게 기여하게 되었다. 그리고 이러한 흐름들은 모델링 기법이 활용되는 신용 평가 분야에서도 커다란 변화와 발전을 가져오게 만들었다.

특히 신용 평가 모형은 데이터 과학 분야에서 조상("It is not unreasonable to call credit scoring the grandmother of data mining.")으로 불린다(Thomas et al., 2017). 그 이유는 신용 평가 모형이 실무적으로 활용도가 높을 뿐만 아니라, 금융권의 높은 수요와 그로 인한 연구의 필요성 등으로 인해 그간의 데이터 분석 사례와 실무 레퍼런스들이 많이 축적되어 있기 때문이다. 이 때문에 데이터 과학과 AI 분야에서 가장 기초가 되는 기반 모형으로 평가받고 있다.

이 책에서는 AI 신용 평가에 대해 이야기하면서 그 도구로서 활용되는 신용 평가 모형에 초점을 맞춰 논의를 진행하려 한다. 그 이유는 AI 신용 평가도 결국 과학의 영역에서 시작된 모델링의 관점에서 접근해야 할 필요가 있기 때문이다. 모델링 기법의 한 형태인 신용 평가 모형에 AI를 적용하게 되면서 신용 평가 분야의 모델링이 크게 진보하게 되었으며, 금융 분야의 현실 세계를 모사하는 신용 평가 모형의 정확도와 예측력이 크게 향상

되면서 신용 평가 모형이 예측하는 평가 대상의 금융 거래 패턴을 좀 더 현실 세계와 유사한 형태로 확인해 볼 수 있게 되었다. 또한 평가 대상의 신용도를 좀 더 정확하고 면밀하게 판단할 수 있게 되면서 금융회사의 의사 결정 과정과 건전한 금융 질서 유지에도 크게 기여할 수 있게 되었다.

이 책에서는 이러한 모델링의 관점에서 기존 방법론과 대비하여 AI 방법론 도입 이후의 신용 평가 모형의 변화 양상을 살펴보고 AI 방법론 도입에 따른 신용 평가 분야의 여러 이슈에 대해 함께 짚어 보고자 한다.

AI의 발전과 금융 산업의 변화

AI는 이제 피할 수 없는 거대한 흐름이 되었다. AI는 전 분야에 걸쳐 광범위하게 활용되고 있으며, 금융 산업에도 여러 형태로 AI 기술이 접목되면서 금융회사의 생산성과 금융 소비자를 위한 편의성을 높이기 위한 시도들이 이루어지고 있다. 특히 금융 산업에서 활용되는 데이터는 정확성과 안정적 운영이 필수적인 업의 특성상, 잘 정제된 양질의 정형 데이터 위주로 이루어져 있다. 또한 주로 규칙 기반(rule-based)의 의사 결정이 요구되는 속성이 있어 데이터 과학이나 AI 방법론 적용이 빠르게 이루어질 수 있는 분야이기도 하다.

최근 들어 국내외 금융회사와 핀테크·빅테크 기업들은 금융 분야에서 AI를 다양하게 실험하고 활용하고 있다. 그렇기에 앞으로도 금융 산업에서의 AI 활용은 AI 기술의 발전과 함께 더욱 확대될 것으로 기대되고 있다. 현재 금융 분야에서 주로 활용되고 있는 AI 서비스에는 이상 거래 탐지(anomaly detection), 챗봇(chatbot), 맞춤형 금융 상품 추천, 로보 어드바이저(robo-advisor), 신용 평가 등이 있는데, 이 중 신용 평가 분야는 AI 기술의 발전으로 가장 큰 변화를 맞이하는 중이다(금융위원회, 2022.8.4).

최근 AI 분야의 가장 큰 관심 대상은 바로 챗지피티(ChatGPT)로 대표되는 생성형 AI(generative AI) 분야라 할 수 있다. 현재 생성형 AI 기술은 문서 요약과 번역, 이미지 생성, 음성 합성 등 다양한 분야에서 널리 활용되고 있다. 그러나 글로벌 경영 컨설팅 기업인 매킨지(McKinsey)에서는 '코리아 리포트 2023'을 통해 더 큰 시장의 기회는 여전히 판단형 AI(analytical AI)에 있다고 주장한다. 판단형 AI는 생성형 AI와 구분되는, 전통적인 AI의 영역을 나타내기 위한 개념으로, 생성형 AI 등장 이전부터 존재했던 판단형 AI는 머신 러닝(machine learning), 딥러닝(deep learning) 등의 기술을 적용해, 그간 신용 평가, 시장 기회 식별, 사기 탐지, 오류 예측과 예방, 의료 진단 보조 등의 분야에 활용되어 왔다(McKinsey & Company, 2023).

금융 분야, 특히 신용 평가는 정형 데이터를 통해 규칙 기반의 의사 결정을 지원하는 방식이므로 이러한 판단형 AI를 효과적으로 적용할 수 있는 분야라 할 수 있을 것이다.

신용 평가 방식의 변화와 AI의 도입

신용 평가는 개인이나 기업의 채무 상환 가능성을 평가하려는 목적에서 시작되었다. 초기에는 금융회사의 내부 방침이나 평가자의 지식과 경험에 기반한 주관적 판단에 의해 신용도를 평가하는 경우가 대부분이었다. 그러다가 평가자의 주관에 의한 오류 가능성을 최소화하기 위해 평점표 형태의 신용 평가 방식이 개발되었으며, 평가 대상인 개인과 기업의 신용도와 관련된 각종 정보를 수집·확인한 후 평점표의 정보 항목별로 점수를 부여하고, 미리 정해 놓은 기준 점수가 넘으면 대출을 승인하는 방식으로 변화하였다. 이후 신용 평가 건수가 크게 증가하면서 사람이 일일이 수동으로 평가하는 방식이 한계에 부딪히게 되었고, 자동화의 필요성이 대두되면서 지금과 같은 형태의 신용 평가 모형이 개발되었다.

신용 평가 방식의 변화와 발전 속에서 큰 전기가 마련된 사건으로 신용 평가 모형의 탄생을 꼽을 수 있다. 신용 평가 모형이 도입되면서, 평가 절차가 표준화 · 객관화 · 계량화 · 자동화되었으며, 이전보다 빠르고 수월하면서도 정확한 평가가 가능해졌다. 이로 인해 개인과 기업도 이전에 비해 더욱 편리한 금융 생활을 할 수 있게 되었고 금융회사의 위험 관리 측면에서도 큰 발전이 있었다. 그리고 그 이후, 신용 평가 방식의 혁신으로 언급할 수 있는 것이 바로 AI의 도입이다. 신용 평가 모형에 AI가 도입되면서 두 번째 특이점을 맞이하게 된 것이다.

신용 평가 모형에 AI가 적용된다는 것은 크게 두 가지의 의미를 지닌다.

첫 번째는 데이터의 확장 측면이다. 데이터는 AI 기술의 발전 덕분에 이전보다 더 의미 있는 자원이 되었다. 데이터 분석의 적용 범위가 점차 확장되면서 데이터의 중요성은 점차 강조되어 왔는데, AI 기술의 발전으로 신용 평가 모형에 이전보다 더 많은 데이터 항목을 반영할 수 있게 되면서 방법론의 한계로 그간 사용할 수 없었던 영역의 데이터까지 반영할 수 있게 된 것이다. 이로 인해 평가 대상의 다양한 모습을 반영할 수 있게 되었다.

두 번째는 방법론의 발전이다. 신용 평가 모형은 돈을 잘 갚을 가능성이 큰 대상과 그렇지 않은 대상을 구분해 내는 변별력이 모형의 성능 측면에서 가장 중요한 요소인데, AI 방법론 중 분류 알고리즘을 모형에 적용하게 되면 이러한 변별력 성능을 크게 높일 수 있게 된 것이다.

따라서 이 책에서는 데이터와 방법론 측면에서 AI 신용 평가의 발전 양상을 살펴봄과 동시에, 이와 관련된 여러 이슈를 함께 짚어 보려 한다.

AI 신용 평가에 따른 편익과 위험

AI 신용 평가를 함으로써 얻는 편익은 다양한 데이터를 신용 평가에 추가로 반영할 수 있게 된다는 점과 모형의 성능을 향상시킬 수 있다는 점에 있다. 그러나 AI의 활용에는 이러한 편익만 존재하는 것이 아니라, 동전의 양면처럼 위험도 존재한다.

모형의 변별력을 끌어올린다는 의미는 채무 상환 가능성이 높은 그룹과 그렇지 않은 그룹 간의 차이를 극대화해야 한다는 의미인데, 이와 반대로 금융 소비자 보호의 측면에서는 이러한 차이를 줄여 불합리한 차별과 불이익을 예방하는 것이 목적이 되므로 상호 간의 가치가 서로 충돌하게 된다. 즉, 모형의 성능 향상과 금융 소비자 보호는 상충 관계(trade-off)에 있다고 볼 수 있는 것이다. 따라서 신용 평가 시, 평가 대상에 대한 편향이나 차별적인 요소가 반영되지 않도록 주의하면서 두 가치를 조화롭게 가져갈 수 있는 최적의 선택을 하는 것이 필요하게 된다.

이 외에도 AI 방법론 적용으로 인한 가장 큰 단점으로 손꼽히는 과적합(overfitting) 이슈, 모형의 해석과 설명이 어렵다는 문제, 학습 데이터의 갱신으로 인한 변수 · 가중치의 잦은 변동과 모형의 안정성 저하 등은 AI 신용 평가에서 반드시 고려해야 하는 위험 요소라 할 수 있다.

이 책의 구성

이 책은 AI 도입 이후, 새로운 변화와 이슈들이 생겨나고 있는 신용 평가 분야의 다양한 변화 양상을 탐색하고, 신용 평가에 대한 금융회사와 금융 소비자 간의 정보 비대칭을 해소하며, 빠르게 변화하고 있는 이 AI 시대에 금융 산업에 종사하는 직장인과 슬기로운 금융 생활을 꿈꾸는 일반인 모두에게 필요한 다양한 논의를 담고 있다.

먼저 1~2장에서는 AI의 도입으로 인해 금융 산업에서 가장 많은 변화를 보이고 있는 신용 평가 분야에 대해 개관한다. 신용 평가의 과거와 현재(1장)에서는 AI 도입 이전의 신용 평가 방식의 과거와 현재에 대해 살펴보고 신용 평가 모형이 탄생하게 된 배경에 대해 알아본다. 신용 평가 모형의 진화와 AI(2장)에서는 신용 평가 모형에 초점을 맞추어, 데이터와 방법론 측면에서 신용 평가 모형이 그간 어떻게 진화해 왔는지 알아보고 AI는 그런 진화의 과정 속에서 어떠한 변화를 이끌고 있는지 짚어 본다.

3~6장에서는 신용 평가 모형을 개인과 기업, 데이터와 방법론 측면으로 구분하여 본격적으로 설명한다. 먼저 개인 신용 평가와 AI: 데이터(3장)부터, 개인 신용 평가와 AI: 방법론(4장), 기업 신용 평가와 AI: 데이터(5장), 기업 신용 평가와 AI: 방법론(6장)까지 신용 평가 대상인 개인과 기업으로 구분하여 설명하며 각각의 특징과 차이점, AI 도입에 따른 변화들에 대해 설명한다.

7~8장은 그간의 신용 평가 방식에서는 고려되지 않았던 AI 신용 평가의 각종 이슈에 대해 언급한다. AI 신용 평가와 공정성(7장)에서는 AI 신용 평가로 인해 자동화된 평가가 진행되면서 발생하는 공정성과 차별 이슈에 대해, AI 신용 평가와 설명 가능성(8장)에서는 모형의 세부적인 작동 방식에 대한 해석이 어렵고, 평가 결과에

대한 설명도 까다로운 한계점을 지닌 AI 신용 평가의 위험성에 대해 이야기한다. 또한 이러한 설명 가능성 이슈를 해결하기 위한 여러 논의에 대해서도 다룬다.

한편, AI 신용 평가와 성능 확인(9장)에서는 AI 도입 전후의 신용 평가의 전반적인 프로세스를 비교하면서 신용 평가 모형의 성능 검증 방식에 대해 설명하고, 마지막 AI 신용 평가와 금융 규제(10장)에서는 AI 신용 평가와 관련된 국내외 금융 규제 흐름에 대해 이야기한다.

이 책의 목적과 기대

이 책이 신용 평가 분야에 대한 독자의 전반적인 이해도를 높이는 한편, 데이터 기반의 의사 결정에 대해, 그리고 모델링 기법과 AI 분야에 대한 폭넓은 관심을 끄는 계기가 마련되길 기대한다.

AI 알고리즘에 대한 세부적인 설명은 과감히 생략했다. 그 이유는 AI에 대한 기술적 내용보다는 신용 평가 분야에 대한 도메인 지식(domain knowledge)에 주안점을 두고, 신용 평가 분야가 직면한 여러 문제를 해결할 수 있는 최신의 도구인 AI의 의미를 짚어 보고, AI 도입 전후의 변화와 대응에 좀 더 초점을 두기 위해서다.

이 책의 내용은 신용 평가 분야의 실무에서 직접 경험

하며 알게 된 지식과 경험, 그리고 업계와 학계를 거치며 그간 연구해 온 것들을 한데 녹여 정리한 것이다. 실무와 이론, 어느 한쪽에 치우치면, 반쪽자리 이야기가 될 위험이 있는데, 양쪽의 시각에서 함께 바라보며 서로가 가진 한계들을 조화롭게 보완해 볼 수 있었다. 또한 IT와 금융 산업을 경험하며 그간의 실무 경험을 이 책으로 정리할 수 있었다는 점에서 개인적으로도 의미가 깊다.

이 책이 단기적으로는 AI 신용 평가에 대한 이해도를 높이는 차원에서 활용될 뿐만 아니라, 장기적으로는 관련 제도의 개선을 통해 우리나라 금융 산업의 발전에 기여하는 형태로 논의가 진전될 수 있길 희망해 본다. 나아가 이 책이 독자로 하여금 AI와 신용 평가 분야에 흥미와 관심을 두게 되는 계기가 될 수 있다면 더할 나위 없이 기쁘겠다.

참고문헌

금융위원회(2022.8.4). 금융분야 AI 개발·활용 안내서(보도자료). https://www.fsc.go.kr/po010101/78235?srchCtgry=1&curPage=&srchKey=&srchText=&srchBeginDt=&srchEndDt=

McKinsey & Company(2023). *Korea's next S-curve: A new economic growth model for 2040.*

Oxford Advanced Learner's Dictionary. credit.

https://www.oxfordlearnersdictionaries.com/definition/english/credit_1?q=credit

Thomas, L. C.(2000). A survey of credit and behavioural scoring: Forecasting financial risk of lending to consumers. *International Journal of Forecasting*, 16(2), pp.149–172.

Thomas, L. C., Crook, J. N., & Edelman, D. B.(2017). *Credit scoring and its applications* (2nd ed.). SIAM.

01
신용 평가의 과거와 현재

신용 평가는 개인이나 기업의 채무 상환 가능성을 평가하려는 목적에서 처음 시작되었다. 이후 평가자의 주관에 의한 오류 가능성을 최소화하고 평가 절차를 표준화 · 객관화 · 계량화 · 자동화할 목적에서 신용 평가 모형이 탄생하였으며, 신용 평가 모형은 평가 대상과 활용 목적에 따라 여러 유형으로 구분된다. AI 도입 이전의 신용 평가 방식에 대해 과거와 현재의 모습을 살펴본다.

신용 평가의 시작

신용 평가는 은행과 같은 금융회사에서 돈을 빌리려는 개인이나 기업이 돈을 잘 갚을 수 있는지 여부, 즉 '채무 상환 가능성'을 평가하여 대출의 승인 여부를 결정하려는 목적에서 시작되었다. 신용 평가 초기에는 신용 평가를 담당하는 심사자의 경험과 전문성을 바탕으로 대부분 주관적인 평가가 이루어졌으며, 이후 비전문가도 신용 평가를 할 수 있도록 기존의 방식들을 요약 정리하여 정해진 규칙을 공유하는 평점표 방식으로 발전해 왔다. 하지만 금융 거래 건수가 큰 폭으로 증가하고, 이에 따른 심사 대상의 건수가 급격히 증가하면서 심사자의 주관에 의한 편차를 배제하면서 좀 더 체계적이고 효율화된 방식으로 평가 절차를 개선해야 할 필요성이 생겨나게 되었다.

신용 평가 모형의 등장

이러한 수요에 따라 심사자의 주관에 의한 오류 가능성을 최소화하고 평가 절차를 표준화 · 객관화 · 계량화 · 자동화하려는 목적에서, 통계적인 이론에 바탕을 둔 '신용 평가 모형'이 탄생하게 되었다. 신용 평가 모형은 금융 거래 신청자의 과거 또는 현재의 정보를 기초로 하여 신용도를 평가하고 이를 기준으로 금융회사의 의사 결정을 지원하는 도구를 의미한다.

개인 신용 평가의 경우, 미국의 데이비드 듀런드(Durand, 1941)가 처음 은행과 자동차 할부 회사 등의 데이터를 가지고 판별 분석 방법론에 기반한 모형을 개발한 것이 시초라 할 수 있다. 한편, 기업 신용 평가는 개인과는 달리, 기업의 상태를 수치로 확인할 수 있는 재무정보를 평가에 활용할 수 있고 심사 건수도 개인에 비해 상대적으로 적기 때문에 심사자의 경험과 전문성에 의존한 정성적인 형태의 평가가 오랜 기간 이루어졌다. 하지만 신용 평가 분야의 구루(Guru)로 불리우는 에드워드 올트만(Altman, 1968)에 의해 최초의 기업 부도 예측모형 연구가 이루어지면서 'Z-스코어(Z-Score)'라는 다변량 판별 분석 방법론 기반의 계량화된 평가 방식이 등장하였다.

신용 평가 모형의 유형

신용 평가 모형은 평가 대상과 활용 목적에 따라 각각 그 유형이 다르다. 먼저 평가 대상은 크게 개인과 기업으로 구분할 수 있는데, 금융회사는 이 평가 대상을 '차주(借主, creditor)'라고 부른다. 이 뜻은 '돈을 빌리는 측의 사람'이라는 의미로, 신용 평가 모형에서는 이 차주가 어떤 그룹에 속하느냐에 따라 차주 특성에 맞는 별도의 모형을 활용하여 평가를 진행하게 된다.

차주가 개인과 기업 중 어디에 속하는지에 따라 적용되는 신용 평가 모형은 서로 다른데, 일부 금융회사와 신용 평가 회사에서는 개인은 금융 거래 이력이 많이 축적되어 있는 경우와 그렇지 않은 경우로, 기업은 해당 기업이 속한 업종에 따라 또다시 구분된 별도의 모형으로 더욱 상세한 신용 평가를 하기도 한다.

한편, 활용 목적에 따라, 범용적으로 활용되는 일반 신용 평가 모형과 해당 금융회사의 정책 · 고객 특성에 맞게 맞춤형으로 활용되는 내부 신용 평가 모형으로 다시 구분할 수 있다.

일반 신용 평가 모형은 신용 평가 회사 등에서 주로 개발 · 활용하는 모형으로, 제네릭(generic) 모형 또는 CB (credit bureau) 모형이라 불린다. 즉, 금융회사별 특성과는 무관하게 범용적으로 활용할 수 있게 만든 모형 또는 금융 소비자가 본인의 신용도를 조회할 때 쓰이는 목적으로 개발한 모형을 의미한다.

반면, 내부 신용 평가 모형은 은행이나 카드사 등의 금융회사가 해당 차주의 금융 거래 이력 정보(예: 대출, 연체 관련 정보)에 자사 고객에 대해 수집한 정보(예: 소득, 자산, 직업, 연령 등)를 더해 만든 모형으로, 해당 금융회사의 정책이나 자사 고객의 특성을 더욱 상세하게 반영할 수 있는 형태다. 이 모형은 금융회사가 대출 승인여부, 한도, 금리 등을 결정할 때 실제로 활용하는 모형이며, 평가 대상이 해당 금융회사의 보유 고객으로 한정되는 경우가 많고, 이 중에서도 특정 고객군이나 활용 목적에 따라 별도로 개발해 활용하는 모형이 있기도 하다. 이러한 모형을 금융회사의 CSS(credit scoring system)라고 부르며, 이 CSS 내에서, 신규 거래 고객을 대상으로 대출 승인 여부와 신규 계좌 개설 등을 판단하기 위한 ASS(application scoring system)와 기존 거래 고객을 대상으로 대출 연장 및 금리 변경 등을 판단하기 위한 BSS(behavior scoring system)로 다시 구별해 운영한다.

신용 평가 산업의 발전

미국을 비롯한 많은 나라에서는 개인 신용 평점으로 '파이코 스코어(FICO Score)'라는 점수를 주로 활용하고 있다. 이 점수는 FICO에서 개발한 신용 평점으로 개인의 신용도에 따라 채무 상환을 하지 않을 가능성을 수치화하여 개인별로 300~850점의 점수를 부여하며, 점수가 높을수록 채무 상환 가능성이 크다는 것을 의미한다. FICO는 1956년에 윌리엄 페어(William Fair)와 얼 아이작(Earl Issac)에 의해 설립된 신용 평가 모형 개발 전문 기업으로, 개인의 신용도를 점수화하여 파이코 스코어를 산출하는 평가 모형과 이와 관련된 IT 솔루션을 개발 · 공급하고 있는데, 파이코 스코어는 전 세계 90개 이상 국가에서 통용되는 개인 신용 평점이다.

또한 엑스피리언(Experian), 에퀴팩스(Equifax), 트랜스유니언(TransUnion) 등의 3대 글로벌 개인 신용 평가 회사(credit bureau)가 있는데, 이 회사들은 별도의 신용 평가 모형을 보유하기보다는 자체적으로 수집한 데이터에 FICO의 모형을 적용시키는 형태를 취하며, 금융 상품이나 평가 대상의 특성을 고려하여 세분화한 모형을 사용하고 있다. 예를 들어, 자동차 구입 할부, 주택 담보 대출, 신용카드 대출 등에 따라 쓰이는 모형이 다르며, 평점 구간의 범위도 제각각이다(최성민, 2018a).

한편, 미국 금융소비자보호국(Consumer Financial Protection Bureau, CFPB)은 CRA(customer reporting agencies)라고 불리는 신용 정보 회사들의 명단을 매년 공개하고 있는데, 이 기업들에서는 개인의 금융 거래 이력뿐만 아니라, 고용, 거주 상태, 의료, 공공요금 납부,

상품 거래 내역 등의 정보를 수집하여 금융회사에 자료를 제공하고 이를 개인 신용 평가에 활용하도록 하고 있다(CFPB, 2024).

한편, 기업 신용 평가의 경우에는 세계 최대 기업 신용 평가 회사인 미국의 던앤드브래드스트리트(Dun & Bradstreet)를 비롯하여 프랑스의 코파스(Coface), 일본의 TDB 등이 대표적이며, 기업에 대한 신용 정보를 수집하여 신용도를 평가하고 금융회사에 관련 서비스를 제공하는 비즈니스를 수행하고 있다(최성민, 2018b).

해외의 신용 평가 산업이 민간의 수요에 따라 발전해 왔던 것과 달리, 우리나라는 금융 당국의 제도적 뒷받침을 토대로 산업이 만들어지고 육성되어 왔다. 국내에서는 1990년대부터 개인에 대한 금융회사의 대출 관행이 담보 위주에서 무담보 신용 기반의 대출로 변화해 가기 시작하면서 개인에 대한 신용 평가의 필요성이 생겨나게 되었으며, IMF 구제 금융 시기에는 "가계의 신용 접근을 용이하게 할 수 있는 제도적 기반을 마련하라"라는 IMF 연례 협의단의 권고를 계기로 금융 당국에서 신용 평가 회사 설립을 추진하고 이를 뒷받침하기 위한 제도가 마련되었다(IMF, 2004.10.28). 이를 계기로 우리나라에서도 개인에 대한 신용 평가 모형의 도입이 본격화되었으며, 기업 신용 평가도 계량화된 방식으로 이루어지기 시작하면서, 개인과 기업의 신용 평가를 담당하는 신용 평가 회사들이 잇따라 설립되었다.

현재 국내 개인 신용 평가 회사에는 나이스평가정보, 코리아크레딧뷰로(KCB), SCI평가정보, 한국평가데이터(KoDATA) 등이 있으며, 시장 점유율로 보면, 나이스평가정보와 KCB가 전체 시장의 90% 이상을 차지하고 있어 사실상 두 회사가 양대 개인 신용 평가 회사라 할 수 있다. 기업 신용 평가 회사의 경우에는 기업 신용 조회, 기업 신용 등급 제공, 기술 신용 평가 등으로 허가 단위가 구분되는데, 각각의 라이선스를 취득한 한국평가데이터, 나이스디앤비(NICE D&B), 이크레더블(eCredible) 등이 존재한다.

참고문헌

최성민(2018a). 개인 신용평가모형의 변화와 시사점. ≪한국신용정보원 CIS이슈리포트≫, (4), 1-12쪽.

최성민(2018b). 기업 신용평가모형의 현황과 변화 트렌드. ≪한국신용정보원 CIS이슈리포트≫, (6), 1-13쪽.

IMF(2004.10.28). IMF 연례협의단의 한국경제보고서. https://www.imf.org/-/media/Websites/IMF/Imported/external/np/ms/2004/kor/_102804kpdf.ashx

Altman, E.(1968). Financial ratios, discriminant analysis and the prediction of corporate bankruptcy. *The Journal of Finance*, 23(4), pp.589-609.

CFPB(2024). List of consumer reporting companies. https://www.consumerfinance.gov/consumer-tools/credit-reports-and-scores/consumer-reporting-companies/companies-list

Durand, D.(1941). *Risk elements in consumer installment financing*. National Bureau of Economic Research.

02
신용 평가 모형의 진화와 AI

그간의 신용 평가 모형은 데이터와 방법론 측면에서 진화해 왔으며, 특히 AI 기술의 발전은 이러한 진화의 속도를 더욱 빠르게 만들었다. 이 장에서는 AI의 발전과 함께한 신용 평가 모형의 혁신에 대해 다루면서, 개인과 기업의 특성에 따라 차이가 존재하는 신용 평가 모형의 발전 양상에 대해 개괄적으로 살펴보고자 한다.

AI와 MBTI?

신용 평가 모형의 발전 양상

신용 평가 모형의 탄생 이후, 은행이나 신용 평가 회사 등의 금융회사에서는 신용 평가 모형의 변별력과 예측력을 향상시켜 채무 불이행에 따른 손실을 최소화하고 수익성을 확보하기 위해 다양하게 노력해 왔다. 이러한 목적에서 신용 평가 모형은 변별력과 예측력 등의 성능이 지속적으로 향상되어 왔으며, 데이터와 방법론의 측면에서 여러 형태로 진화해 왔다.

먼저 데이터 측면에서는 기존의 금융 거래 데이터 외에도 그간 활용되지 않았던 대안 데이터(alternative data)를 신용 평가 모형에 추가로 반영하려는 시도들이 있어 왔다. 대부분의 금융회사는 금융 거래 데이터를 기반으로 한 신용 평가 모형을 개발하여 운영하고 있어, 금융 거래 데이터가 충분히 수집되어 있지 않거나 확보된 데이터의 신뢰성이 낮은 경우, 해당 평가 대상의 신용도를 정확하게 판단하기 어렵다. 그렇기 때문에 금융 거래 경험이 없거나 있다 하더라도 신용 평가에 활용할 수 있을 정도의 이력 데이터가 충분치 않은 경우, 또는 신뢰하기 어려운 데이터를 가지고 있는 경우를 위한 해결책으로 대안 데이터의 활용이 시작되었다.

대안 데이터를 신용 평가에 반영하게 되면, 기존 방식

으로는 신용 평가의 대상이 될 수 없었던, 금융 거래 이력이 부족한 개인이나 기업을 신용 평가의 대상으로 편입할 수 있게 되므로, 이들의 금융 접근성을 높일 수 있게 된다. 또한 데이터의 누락이나 이력 부족에 따른 문제 외에도, 금융 거래 데이터에 추가로 대안 데이터를 함께 활용하게 되면 평가 대상의 세분화나 모형 성능의 개선에도 도움을 줄 수 있어, 대안 데이터를 발굴하여 활용하려는 시도는 더욱 증가하는 추세다.

방법론 측면에서도, 지속적인 성능 개선 시도와 이에 따른 발전이 있었다. 신용 평가 모형은 쉽게 말해 돈을 잘 갚을 사람과 그렇지 않은 사람을 구분하는 도구라 할 수 있다. 따라서 신용 평가 모형은 '분류'의 영역이라 할 수 있는데, 알고리즘의 두 가지 기본 축인 분류(classification)와 예측(prediction) 중 분류 알고리즘을 활용한 모형 개발 방법론에 대해 학계와 실무 모두에서 지속적인 노력이 이어져 왔다.

신용 평가 모형의 혁신과 AI

이러한 신용 평가 분야의 진화와 신용 평가 모형의 발전에는 AI 기술의 발전이 크게 기여하였다. 특히 앞서 살펴본 데이터와 방법론 측면의 발전이 이루어진 가장 큰 이유를 AI의 발전에서 찾아볼 수 있다. 먼저 데이터 측면에서는 신용 평가 모형에 AI를 적용함으로써 그간 중요도가 낮게 평가되어 활용되지 못했던 다양한 변수를 추가로 신용 평가에 반영할 수 있게 되었고, 방법론 측면에서는 여러 분류 알고리즘을 신용 평가 모형 개발에 활용하여 신용 평가 모형의 성능을 크게 향상시킬 수 있게 되었다. 결국 AI의 발전은 신용 평가 모형의 혁신을 더욱 가속화시켰다고 볼 수 있는 것이다.

개인 신용 평가 모형의 개념과 발전

개인 신용 평가 모형은 개인의 과거와 현재의 금융 거래 정보를 기초로 통계적인 방법론에 의해 개인의 신용도를 평가하고 이를 점수화하는 도구를 의미한다.

개인 신용 평가 모형을 통해 산출된 신용 평점은 개인의 채무 상환 능력을 판단하여 대출 승인 여부를 결정하는 데에 활용되고, 승인 이후에는 금리나 한도 산정에 활용되기도 한다.

과거부터 지금까지 개인 신용 평가 모형은 데이터와 방법론 측면에서 많은 발전이 이루어져 왔다. 먼저 데이터 측면에서는 대출(예: 대출 유형, 대출 잔액, 보유 기간 등)이나 연체(예: 연체 횟수, 연체 금액 등) 관련 정보 등

개인의 금융 거래 이력 정보를 중심으로 평가가 이루어져 오다가, 최근에는 금융 거래 이력이 부족한 개인을 평가하기 위해 온라인 활동 이력이나 통신료, 공공요금의 성실 납부 여부 등도 활용되는 추세다. 이러한 대안 데이터를 신용 평가에 활용하게 되면, 그간 데이터의 부족으로 인해 평가를 진행하지 못했던 금융 이력 부족자(thin-filer)도 새롭게 평가 대상에 포함할 수 있을 뿐만 아니라, 기존 금융 거래 이력 정보에 새로운 정보가 추가 반영되어 평가 대상의 세분화와 정교화에도 도움이 될 수 있다.

한편, 방법론 측면에서는 평가 초기에는 계량화되지 않은 금융회사의 내부 방침이나 평가 담당자의 주관적 판단에 의해 평가가 이루어졌으나, 이후 평가자의 주관과 개인적 판단에 따른 편차를 줄이기 위해 평점표(scorecard)가 만들어졌고, 이를 기준으로 각 항목별 평가가 진행되었다. 이 과정에서 평가 대상의 수가 크게 증가하면서 평가 방법을 자동화·계량화해야 하는 수요가 생겨나게 되었고, 표본 조사를 통해 얻어낸 샘플 데이터와 통계적 방법론을 이용한 지금의 신용 평가 모형이 탄생하게 되었다. 이러한 신용 평가 모형은 최근 들어 다양한 유형의 데이터와 AI 방법론을 활용하여 새로운 형태로 진화하고 있다(최성민, 2018a).

기업 신용 평가 모형의 개념과 발전

개인 신용 평가 모형이 개인의 신용도를 평가하고 이를 점수화하는 도구를 의미한다면, 기업 신용 평가 모형은 개인이 아닌, 기업에 대한 신용도를 통계적인 방법론에 근거하여 평가하는 도구라 할 수 있다.

기업 신용 평가 모형은 개인에 비해 역사가 좀 더 긴데, 그 이유는 기업의 신용도는 기업에 자금을 빌려준 금융회사와 해당 기업의 주식, 채권 투자자 등 다수의 이해관계자들과 관련되며, 국가 경제에 미치는 파급 효과도 크기 때문에, 기업들의 신용도를 확인하고자 하는 수요가 지속적으로 있어 왔기 때문이다. 따라서 기업 신용 평가의 결과는 자금이 필요한 기업이 채무 상환을 불이행하여 발생할 수 있는 채권자의 손실을 최소화하고, 상호 간의 정보 비대칭을 해소할 목적으로 쓰여 왔다.

기업 신용 평가 모형 또한 데이터와 방법론 측면에서 많은 발전이 있었다. 데이터 측면에서 보면, 해당 기업의 경영 현황과 실적 등을 파악할 수 있는 재무 정보가 가장 먼저 활용되기 시작했다. 재무 정보의 경우, 재무상태표, 손익 계산서, 현금 흐름표 등에 있는 수치를 기반으로 기업의 현황을 파악하기 쉬우며, 공시 의무 준수를 위해 외부 회계 법인을 통한 객관적인 감사가 이루어지므로, 신뢰성 있는 정보로 볼 수 있기 때문이다. 하지만 재무 정보 외에도 경영 위험, 산업 위험, 영업 위험 등과 같은 비재무적 요소를 평가에 반영하거나 주가, 거시 경제 지표 등을 재무 정보와 결합하면 모형의 성능이 높아지는 효과가 있다는 연구 결과가 발표되면서 정성적인 요인을 추가로 평가에 반영하려는 노력들이 지속적으로 이어져 왔다. 특히 최근에는 평가 대상 기업과 관련된 내용이 비정형 데이터를 반영하려는 시도도 존재한다(최성민, 2018b).

방법론 측면에서 초기에는 전문 지식과 경험을 보유한 평가자가 주관적 판단에 의해 기업의 채무 상환 능력을 정성적으로 평가하는 경우가 대부분이었다. 하지만 이후 평가자 주관에 의한 오류 가능성을 최소화하고 평가 절차를 표준화·객관화하기 위해 통계 방법론에 근거한 모형 개발이 본격화되었으며, 점차 객관적인 정량적 모형으로 발전하다가, 제한적인 정보만을 반영할 수 있는 정량적 모형의 한계를 극복하기 위해 정성적 모형의 결과를 추가로 반영하는 형태로 발전하였다. 최근에는 기존의 한계점을 극복하고 모형의 성능을 높이기 위해 AI 방법론을 활용한 모형으로 진화해 가는 중이다.

AI의 도입과 평가 대상별 특성 차이

신용 평가 분야는 AI의 도입으로 인해 주로 신용 평가 모형의 측면에서 발전을 거듭해 왔다. 또한 신용 평가 모형은 평가 대상인 개인과 기업의 특성에 따라 뚜렷한 차이가 존재한다. 다음 장부터는 활용하는 데이터와 방법론 측면에서 개인 신용 평가와 기업 신용 평가의 발전 과정을 세부적으로 비교해 보고 AI의 도입이 각 영역에서 어떤 기여를 해 왔는지에 대해 살펴보고자 한다.

참고문헌

최성민(2018a). 개인 신용평가모형의 변화와 시사점. ≪한국신용정보원 CIS이슈리포트≫, (4), 1-12쪽.

최성민(2018b). 기업 신용평가모형의 현황과 변화 트렌드. ≪한국신용정보원 CIS이슈리포트≫, (6), 1-13쪽.

03
개인 신용 평가와 AI (1): 데이터

개인 신용 평가에 AI를 도입하면서 데이터 측면에서 많은 발전이 이루어졌다. 그간 개인 신용 평가에 주로 활용되어 온 데이터는 대출, 연체 등과 관련된 개인의 금융 거래 데이터 위주였으나, 개인 신용 평가 모형에 AI를 활용할 수 있게 되면서 좀 더 많은 평가 항목과 다양한 유형의 대안 데이터를 반영할 수 있게 되었다. 데이터 측면에서 개인 신용 평가 분야에 어떠한 변화와 발전이 있는지에 대해 설명한다.

AI와 난임 극복?

개인 신용 평가와 데이터 활용

개인 신용 평가 모형의 목적은 특정 개인에 대한 채무 상환 가능성을 확률로 나타내고, 이 확률을 직관적으로 확인하기 쉽게 점수화하는 것이다. 일반적으로는 연체 경과일이 90일 이상이 된 채무의 연체에 대해 돈을 갚지 않고 있는 상태, 즉 '채무 상환 불이행'으로 판단하며, 주로 과거와 현재의 금융 거래 이력을 바탕으로 향후 1년 이내의 90일 이상 연체 가능성을 예측한다.

이를 위해 국내외 개인 신용 평가 회사에서는 상환 이력, 부채 수준, 신용 거래 기간, 신용 거래 형태 등의 여신 관련 금융 거래 데이터를 주요 평가 항목으로 활용하고 있다. 또한 각 회사별로 보유한 신용 평가 모형의 평가 항목 내 세부 변수와 각 변수별 가중치는 각기 다르기 때문에, 동일한 개인이라 할지라도 평가하는 회사나 평가 항목, 모형 등이 다르면, 신용 평점도 다르게 산출될 수 있다(최성민, 2018).

은행과 같은 금융회사에서는 개인 신용 평가 회사에서 사용하는 여신 관련 금융 거래 데이터 외에도 개인의 금융자산, 소득, 직업 등의 추가 정보를 보유하고 있기 때문에, 이러한 정보들을 평가에 함께 활용할 수 있다. 또한 금융회사별 여신 정책(예: 주거래 은행이거나 해당 은행과 거래 기간이 긴 경우, 금융 자산 10억 원 이상의 VIP 고객 등)에 따라 일부 고객에게는 가점을 부여하는 경우도 있다.

개인 신용 평가 시 구체적으로 어떤 세부 변수를 사용하는지, 변수별 가중치는 어느 수준으로 부여하는지 등에 대해서는 각 회사의 영업 비밀이며, 평가 대상인 개인에게 공개되어서는 안 되는 것이 원칙이다. 그 이유는 어떤 변수를, 어느 정도의 가중치에 따라 평가에 활용하는지 등의 내용이 담긴 신용 평점 부여 규칙이 공개되면, 평가 대상인 개인이 이 규칙을 파훼하여 자신의 신용 평점을 높이기 위한 조작 행위를 하게 될 우려가 있기 때문이다. 만약 이런 왜곡이 발생하게 되면, 모든 신용 평가 결과를 신뢰할 수 없게 되는 심각한 결과를 초래하게 되므로 주의해야 한다.

기존에 활용되어 온 금융 거래 데이터

지금까지 개인 신용 평가에 주로 활용되어 온 데이터는 여신 위주의 금융 거래 데이터다. 상환 이력 정보는 현재 연체 여부 또는 과거 채무 상환 이력 등이 포함된 정보로 국내외 개인 신용 평가 회사에서 가장 비중 있게 보는 항목이다. 또한 현재 보유한 부채의 수준(예: 대출 금액, 신용카드 이용 금액 등), 신용 거래 기간(예: 신용카드 개설 후 계속 이용한 기간), 신용 거래의 유형(예: 대출받은 금융회사의 업권, 대출 한도 대비 사용률, 대출 건수 등) 등이 주요 평가 항목으로 쓰인다.

각 평가 항목의 비중은 금융회사마다 다르나, 대체로 연체와 관련된 부정적인 성격의 정보가 주로 활용되는데, 그 이유는 신용 평가 모형이 채무를 상환하지 않을 가능성이 높은 차주를 사전에 찾아내는 데에 기본 목적이 있고, 이러한 특징을 가진 평가 항목의 대부분이 연체 경험이나 제2 금융권 대출 여부 등과 같은 부정적인 성격을 가지고 있기 때문이다.

물론 실제 금융회사에서 대출을 실행하는 경우에는, 여러한 여신 관련 금융 거래 데이터 외에도, 예적금이나 기타 금융 자산 정보와 같은 수신 관련 금융 거래 데이터도 해당 금융회사의 신용 평가 모형에 함께 반영하여 평가하고 있으며, 여기서 산출된 결괏값으로 대출 실행 여부, 한도, 금리 등을 결정하게 된다.

다만, 우리나라의 경우, 성별이나 연령, 학력 등의 항목은 개인 신용 평가에 활용하는 것이 금지되어 있는데, 그 이유는 신용 평가 시 합리적인 이유가 없는 차별 행위를 금지하여 금융 소비자를 보호하고, 금융 거래 시 부당한 대우를 받지 않게 하기 위해서다.

대안 데이터의 개인 신용 평가 활용

신용 평가 모형에서 대안 데이터는 기존 금융 거래 데이터의 대체재 혹은 보완재로서 활용된다.

대체재로 활용되는 경우는 기존의 금융 거래 데이터가 없거나 부족한 이들의 금융 접근성을 높여주기 위해서다. 금융 거래 데이터에 속하는 여러 평가 항목의 정보가 없거나 일부만 존재하게 되면, 평가 항목의 결측이나 누락으로 인해, 금융 거래 데이터 기반으로 만들어진 기존 신용 평가 모형으로는 평가가 제대로 이루어질 수 없다. 이로 인해 신용 평점이 산출되지 않는 사회 초년생, 고연령층, 이민자 등과 같은 금융 이력 부족자들의 금융 서비스 접근성이 떨어지는 이슈가 생기면서, 대안 데이터를 신용 평가에 추가로 활용하여 이들을 제도권 금융으로 포용하고자 하는 노력들이 생겨나게 된 것이다.

또한 보완재로서 대안 데이터가 활용되는 경우도 있다. 기존의 금융 거래 데이터들이 축적되어 있다 하더라도 특정한 신용 평점 구간에 평가 대상이 집중되어 있는 경우에는 이를 좀 더 세분화하여 정교한 신용 평가를 진행해야 하는 경우가 생기는데, 이런 경우 구간에 몰려 있는 차주들을 구분하기 위한 목적에서 대안 데이터를 활용할 수 있다. 예를 들어, 신용 평점이 900~1,000점 구간이나 500점 미만의 구간에서는 고신용자 혹은 저신용자가 밀집되어 있어 금융 거래 데이터만으로는 어떤 특성을 가진 차주를 선별해 내기 어렵다. 이때 대안 데이터를 추가로 활용하여 해당 구간이 세분화되면 정밀한 선별 작업이 가능하게 되는 것이다. 게다가 대안 데이터의 활용은 모형의 성능을 향상시키기도 한다.

국내외 연구 결과와 비즈니스 사례들을 통해 확인한, 개인 신용 평가를 위해 활용되는 대안 데이터에는 여러 유형이 있다(최성민, 2023).

먼저 전화 요금이나 전기, 가스, 수도 등의 이용에 따른 요금 납부 정보를 신용 평가에 활용할 수 있다. 정기적인 요금 납부 여부는 개인의 신용도를 측정하는 중요한 지표로 활용될 수 있는데, 특히 요금 납부 정보로 금융 이력 부족자의 금융 접근성 향상이 가능함을 데이터로 확인한 연구 결과도 존재한다(Turner et al., 2006).

또한 전화 이용 정보도 유용한 정보가 될 수 있다. 휴대 전화 기종이나 통화 상세 기록 정보, 소액 결제 정보 등을 분석하여 신용 평가에 활용하면 모형의 성능을 높이는 데에 도움이 된다는 연구 결과가 있다(김종윤,

2019; Óskarsdóttir et al, 2018). 게다가 개인이 온라인상에 남긴 다양한 활동의 기록인 디지털 발자국(digital footprint)을 활용하기도 하는데, 전자 상거래 이용 이력(예: 결제 금액, 이용 시간대, 소비 패턴, 단골 비율 등), 소셜 미디어 활동 이력, 이메일 이용 패턴 등과 같이 개인이 온라인상에서 활동하면서 남긴 여러 이력을 분석하면, 이 사람이 성실하게 돈을 잘 갚는 사람인지 아닌지를 구별해 낼 수 있다(Berg et al., 2018). 심리 테스트 결과 또한 유용하다고 알려져 있는데, 심리 테스트로 확인한 성격 특성이 재무적 활동과 관련 있다는 연구 결과를 근거로 성실성, 지속성 등의 성격 특성을 확인하여 대안 데이터로 활용하기도 한다(Liberati & Camillo, 2018).

하지만 현재 실무에서는 소셜 미디어 활동 이력 등의 디지털 발자국 데이터나 심리 테스트 결과 등은 사용되는 경우가 드물다. 그 이유는 이러한 데이터를 개인 신용평가에 활용하는 것에 대해 개인들의 심리적 저항과 거부감이 매우 크기 때문이다. 그렇기에 우리나라의 경우, 건강 보험 · 국민연금 납부 내역, 통신료 · 공공요금 성실 납부 정보 등을 개인이 직접 제출하거나, 개인 신용평가 회사나 금융회사가 개인의 동의를 거쳐 관련 데이터를 수집하고 이를 가점 형태로 반영하는 방식이 주로 활용된다.

개인 신용 평가를 위한 데이터 수집 체계

해외의 개인 신용 평가 산업이 민간의 수요에 따라 발전해 왔던 것과 달리, 우리나라는 금융 당국의 제도적 뒷받침을 토대로 산업이 만들어지고 육성되었다.

국내 개인 신용 평가 산업의 주요 플레이어는 신용 평가에 필요한 기초 정보를 수집하는 PCR(public credit registry)과 실제 평가를 수행하는 개인 신용 평가 회사로 구성된다. PCR은 금융회사와 공공 기관으로부터 신용 평가에 필요한 기초 정보를 수집하고 데이터 품질을 관리하여 이를 다시 금융회사와 개인 신용 평가 회사에 제공함으로써 원활한 신용 평가가 이루어질 수 있도록 지원하며, 우리나라의 PCR은 「신용 정보의 이용 및 보호에 관한 법률」상 종합 신용 정보 집중 기관으로서 허가받은 한국신용정보원이 있다(최성민, 2019).

대부분의 금융 거래 데이터는 PCR로부터 취득하게 되며, 추가로 개인 신용 평가 회사가 자체 수집한 데이터를 더해 구성된다. 반면, 대안 데이터는 개인의 동의를 기반으로 개별적인 수집이 이루어지며, 금융 거래 데이터와 같이 적절한 품질 관리가 이루어지지 않고 있어, 제도적 기반 마련이 필요한 실정이다.

참고문헌

김종윤(2019). 『통신 빅데이터 활용 개인신용평가모형(통신스코어) 개발』. 숭실대학교 대학원 박사학위 논문.

나이스평가정보. 신용평점활용체계(주요 평가요소). https://www.niceinfo.co.kr/creditrating/cb_score_1_4_1.nice

최성민(2018). 개인 신용평가모형의 변화와 시사점. ≪한국신용정보원 CIS이슈리포트≫, (4), 1-12쪽.

최성민(2019). 신용정보법 제·개정에 따른 신용정보업의 변화 연구. ≪입법과 정책≫, 11(3), 143-178쪽.

최성민(2023). 공개된 개인정보의 신용평가 활용과 법적 쟁점. ≪금융정보연구≫, 12(1), 35-73쪽.

코리아크레딧뷰로. 신용평가체계공시(주요평가부문). https://www.allcredit.co.kr/screen/sc0682112929?acpn=pcmain_click_90

Berg, T., et al.(2018). *On the rise of fintechs: Credit scoring using digital footprints* (NBER working paper 24551). National Bureau of Economic Research.

Liberati, C., & Camillo, F.(2018). Personal values and credit scoring: new insights in the financial prediction. *Journal of the Operational Research Society*, 69, pp.1994-2005.

Óskarsdóttir, M., et al.(2018). The value of big data for credit scoring: Enhancing financial inclusion using mobile phone data and social network analytics. *Applied Soft Computing Journal*, 74, pp.26-39.

Turner, M. A., et al.(2006). *Give credit where credit is due: Increasing access to affordable mainstream credit using alternative data*. Political and Economic Research Council.

04
개인 신용 평가와 AI (2): 방법론

개인 신용 평가에 AI를 도입하면서 방법론 측면에서 많은 발전이 이루어졌다. 그간 개인 신용 평가 모형에 주로 활용되어 온 방법론은 대표적인 분류 알고리즘인 '로지스틱 회귀'였으나, 다양한 AI 알고리즘이 개발되면서 이를 활용한 개인 신용 평가 모형의 변별력과 예측력이 크게 향상될 수 있었다. 이에 따른 변화를 살펴보고, 전통적인 통계 방법론과 AI 방법론 간의 차이에서 발생하는 각종 이슈에 대해 알아본다.

AI와 사주?

개인 신용 평가와 방법론

개인 신용 평가 모형 개발 방법론으로는 그간 로지스틱 회귀(logistic regression) 방법론이 가장 많이 쓰여 왔다. 이 방법론은 대표적인 분류 모형(classifier)으로서, 독립 변수들의 선형 결합을 이용해 종속 변수(Y)와 독립 변수(X)의 관계를 함수식으로 표현할 수 있으며, 종속 변수가 0 또는 1의 이진(binary) 형태인 경우에 유의한 독립 변수를 식별하고, 모형에서 산출된 종속 변수 값을 기준으로 분류하고자 할 때 활용되는 알고리즘이다(Hosmer & Lemeshow, 2000).

이 방법론으로 모형을 만들게 되면, 독립 변수의 값이 어떤 범위에 속하든지 상관없이, 종속 변수의 값은 항상 0에서 1 사이에 존재하며, 함수식은 오즈(odds)를 로짓 변환(logit transformation)함으로써 얻어진다. 오즈는 어떤 사건이 발생할 확률을 p라고 했을 때, 어떤 사건이 발생하지 않을 확률인 1-p 대비 발생할 확률 p의 값, p ÷ (1-p)를 의미하며, 로짓은 오즈에 로그를 취한 것을 말한다.

이 방법론으로 개인 신용 평가 모형을 만들게 되면, 종속 변수를 '채무 상환 불이행'인 경우를 1, 그 외의 대상을 0으로 표현해 모델링하기에 쉽다. 또한 다른 방법론

대비 개발 과정이 간편하고 개발 이후 모형과 개별 독립 변수에 대한 해석이 가능하다는 점이 장점이라 할 수 있다.

이 모형의 결괏값인 채무 상환 불이행 가능성은 확률 형태로 산출되는데, 예컨대 결괏값이 0.613이라고 한다면 채무 불이행 가능성이 61.3%라는 뜻이다. 또한 이에 따른 신용 평점은 1,000점 만점을 기준으로 (1 - 0.613) × 1,000 = 387점이라고 생각할 수 있다. 다만 기본적인 개념은 이러함에도 신용 평점은 실무적으로 평점표에 의해 산출되기 때문에, 현실에서 이렇게 계산되지는 않는다. 기본 점수가 존재하고(예: 300점), 연체 이력이 존재하는 개인과 그렇지 않은 개인 간에는 신용 평점 구간의 차등을 두어야 하는 등 실제 적용 시 고려해야 할 점들이 많이 있기 때문이다.

따라서 채무 상환 불이행 가능성을 평가한 확률과 실무 적용에 따른 고려 사항을 반영한 평점표가 존재하게 되며, 이 평점표에 기반하여 각 항목별 점수를 합산한 결과로 개인별 신용 평점이 산출되는 구조를 가지고 있다.

전통적인 방법론 vs. AI 방법론

기존의 전통적인 개인 신용 평가 모형에 쓰인 방법론은

로지스틱 회귀 방법론이다. 이 방법론은 투입된 여러 평가 항목 중 10~15개 내외의 항목들이 선택되는 구조를 가지고 있으며, 모형의 결괏값을 평점표로 전환하여 평점표상에서 신용 평점을 산출하는 절차로 이루어져 있어, 개별 항목에 의한 가중치, 배점이나 항목이 신용 평점에 미치는 영향 등에 대한 해석과 검토가 쉬운 형태다(Mays, 1998).

또한 수십 년간 활용되어 오면서 국내외에서 방법론에 대한 검증이 이루어져 있는 상태로, 활용하는 데이터와 방법론이 정형화되어 있어 모형의 변동성이 크지 않은 모습을 보인다. 이로 인해 IT 시스템으로 구현할 때 안정적으로 운영할 수 있다.

반면에 AI 방법론 기반 개인 신용 평가 모형은 이와는 다른 구조를 가지고 있다. 먼저 투입된 평가 항목이 15개 내외로 제한되지 않고 더 많은 항목을 반영할 수 있기 때문에 50~100개 내외의 다양한 평가 항목을 평가에 반영하고 있으며, 데이터의 전처리나 통계적인 가정 충족이 불필요한 경우도 있어 다양한 유형의 평가 항목을 반영하는 데에 큰 이점이 있다. 방법론의 목적 또한 평가 과정이나 설명하기 쉬운 방식에 집중하기보다는 평가한 결과의 성능이 우수한지 여부에 더 큰 방점을 두고 있는 형태다. AI 분류 알고리즘도 한 가지만 사용하는 것이 아니라, 여러 개의 개별 알고리즘을 조합해 최적의 성능을 보이는 모형으로 일반화할 수 있는 앙상블(ensemble) 형태를 가지고 있는 경우가 대부분이다.

다만, 활용된 평가 항목의 식별과 그 항목의 가중치 등을 직관적으로 확인할 수 없는 블랙박스(black-box) 구조를 가진 경우가 많으며, 이 때문에 모형에 대한 해석이나 평가 대상에 대해 설명할 목적으로 별도의 추가 작업, 즉 설명 가능한 AI 기법의 적용이 필요해진다. 또한 아직 표준화나 정형화된 방법론이 없고 평가 항목을 선택하는 기준이나 과적합, 초매개 변수(hyper-parameter) 설정 등에 따라 모형의 변동성이 클 수 있어 모형의 수정이나 재개발 이슈가 자주 발생할 위험성도 있다. 또한 학습 데이터의 변동에 따라, 선택되는 평가 항목이나 가중치 등이 쉽게 변화할 수 있으므로 주기적인 모니터링도 필요하다. IT 시스템에 AI 방법론 기반의 모형을 적용하는 경우에도 기존의 전통적인 모형과 비교하여 상대적으로 구현이 어렵거나, 잦은 변동성으로 인해 전산 적용과 유지보수에 어려움을 겪는 경우가 생길 수 있다.

개인 신용 평가에 적용되는 AI 방법론 유형

개인 신용 평가 모형은 채무불이행 가능성이 있는 차주를 선별하는 것이 목적이므로, 여러 AI 알고리즘 중 개인 신용 평가 모형에 적용할 수 있는 것은 '분류' 알고리즘이다. 분류 알고리즘 또한 크게는 신경망(neural network) 계열과 의사 결정 나무(decision tree) 계열로 분류할 수 있는데, 신용 평가 분야에서 실무적으로는 데이터 과학자들의 데이터 분석 경진 대회 플랫폼인 캐글(Kaggle)이나 실무 적용 등을 통해 성능이 확인된 의사 결정 나무 계열의 알고리즘이 주로 활용된다(Dastile et al., 2020).

의사 결정 나무 계열의 알고리즘 중 대표적인 것에는 랜덤 포레스트(Random Forest)와 그래디언트 부스팅(Gradient Boosting Machine, GBM) 등이 있다. 먼저 랜덤 포레스트는 학습 데이터를 임의 복원 추출(random sampling with replacement) 과정을 통해 여러 개의 데이터 집합으로 만들고, 각각의 데이터 집합을 학습하여 만들어진 의사 결정 나무들을 결합하여 최종적으로 결괏값을 만들어 내는 과정을 거치는 알고리즘이다. 이 방식은 여러 개의 의사 결정 나무를 활용한다는 점에서 여러 개의 모형을 학습시켜 결과물을 집계하는 앙상블 기법인 배깅(bagging: bootstrap aggregation의 축약어)의한 형태다.

GBM은 여러 개의 약한 학습 모형(weak learner)를 순차적으로 학습하여 잘못 예측된 데이터에 가중치를 부여하면서 오류를 개선해 나가는 앙상블 기법인 부스팅(boosting)의 한 형태로서 가중치를 갱신하는 과정에서 경사 하강법(gradient descent)이라는 최적화 알고리즘을 사용한다. 실무적으로는 GBM의 일종으로 기존 GBM의 단점인 과적합 이슈를 보완하고 성능을 좀 더 높인 XG부스트(XGBoost), 라이트GBM(LightGBM) 등이 주로 활용되는 추세다.

AI 방법론 적용 시 고려 사항

AI 방법론은 기존 방법론에 비해 크게 성능을 향상시킬 수 있다는 장점이 있는 반면, 단점도 존재하므로 이를 극복할 방법들을 고민해야 한다.

가장 먼저 고려할 사항은 과적합 이슈다. 과적합은 모형이 지나치게 학습 데이터에 최적화된 상태로 개발되어 새로운 데이터 적용 시 일반화가 되지 않는 경우를 말하는데, AI 방법론을 개인 신용 평가 모형에 적용하는 경우 과적합이 발생하면 모형 개발에 쓰인 학습 데이터가 아닌 실제 개인에 대한 평가 시 분류 성능이 낮아질 수 있기 때문에 과적합은 반드시 극복해야 할 문제다.

과적합이 생기는 원인은 학습 데이터의 양이 너무 적거나, 독립 변수의 개수가 과도하게 많아 모형의 복잡도가 높은 경우 등으로 요약할 수 있는데, 이 때문에 과적합을 방지하기 위해서는 학습 데이터를 좀 더 늘리거나 정규화(regularization)라는 방법을 통해 독립 변수에 패널티를 부여하여 각 변수들의 과도한 영향력을 낮추는 방법 등이 활용된다.

이 외에도 AI 방법론을 적용한 개인 신용 평가 모형에서는 모형 개발 시 사용하는 학습 데이터의 편향, 신용 평가의 과정 · 결과에 대한 차별 금지, 평가 결과에 대한 설명 가능성 등이 중요한 이슈가 될 수 있다. 그렇기에 이와 관련하여 모형의 원활한 운영과 금융 소비자 보호를 위한 금융 규제 접근이 이루어지고 있으며, AI 방법론 적용 시 이러한 고려 사항들을 충분히 검토할 필요가 있다.

참고문헌

Dastile, X., et al.(2020). Statistical and machine learning models in credit scoring: A systematic literature survey. *Applied Soft Computing*, 91, pp.1-21.

Hosmer, D. W., & Lemeshow, S.(2000). *Applied Logistic*

Regression(2nd ed.). John Wiley and Sons.
Mays, E.(1998). Credit risk modelling: Design and application. Glenlake Publishing Company.

05
기업 신용 평가와 AI (1): 데이터

기업 신용 평가에 AI를 도입하면서 데이터 측면에서 많은 발전이 이루어졌다. 그간 기업 신용 평가에 활용되어 온 데이터의 대부분은 평가 대상 기업의 재무 정보와 여신 관련 금융 거래 데이터 위주였으나, AI 활용으로 인해 다양한 유형의 비재무 정보를 추가로 반영할 수 있게 되었다. 데이터 측면에서 기업 신용 평가 분야에 어떠한 변화와 발전이 있는지에 대해 설명한다.

AI와 아이돌?

목적에 따른 기업 신용 평가 구분

기업 신용 평가를 이야기할 때는 주의해야 할 점이 하나 있다. 기업 신용 평가는 평가 결과를 활용하고자 하는 목적에 따라 일반 목적의 평가와 특정 목적의 평가로 구분된다는 것이다.

기업 단위의 신용도를 평가하는 경우(일반 목적의 평가)는 다수의 기업을 함께 평가하므로 신용 평가 모형이 주로 활용되는데, 이러한 업무를 수행하는 일반 목적의 기업 신용 평가 회사를 CCB(commercial credit bureau)로 구분하기도 한다. 반면, 해당 기업 전체의 신용도를 평가하는 것이 아니라, 해당 기업이 발행한 회사채 등 유가 증권에 대한 특정 목적의 평가를 진행해야 하는 경우, 통계적 방법론보다는 경쟁사 간의 상대 비교나 전문가 판단에 의해 평가가 이루어진다. 다만 이들이 기업 단위의 신용 평가를 진행하는 경우도 종종 있어, 명확히 구분되지 않는 애매한 회색 지대가 일부 존재하기도 한다(최성민, 2018).

이 책에서는 기업 단위의 신용도를 평가하는 일반 목적의 기업 신용 평가에 대해 주로 다룰 것이다. 그리고 데이터와 방법론 측면에서 개인 신용 평가와는 어떤 차이점이 있는지 설명하고자 한다.

기업 신용 평가 모형과 데이터 활용

기업 신용 평가 모형은 기업의 부도 가능성(채무 상환 능력)을 평가하여 신용 위험의 상대적인 수준을 서열화하고 위험도가 유사한 기업들을 동일 등급으로 계량화하는 모형이라고 할 수 있다. 따라서 개인의 채무 상환 가능성을 확률로서 계산하고 이를 평점 형태로 표현하는 개인 신용 평가 모형과는 다소 차이가 있다. 개인 신용 평가 모형과의 가장 큰 차이점이라고 한다면, 활용되는 주요 데이터가 기업의 과거 실적을 나타내는 '재무 정보' 위주라는 점과 평가 결과의 형태가 점수가 아닌 '등급'이라는 것이다.

특정 기업의 부도 가능성을 평가하기 위해서는 해당 기업의 채무 상환 능력을 확인할 필요가 있는데, 이를 위해서는 재무제표를 통해 얻은 재무 정보를 통해 그 기업의 재무 상태를 확인해야 한다. 또한 여신 관련 금융 거래 데이터를 분석하여 빌린 돈을 잘 갚아 나갈 수 있는 상황인지 확인하고, 재무 정보나 금융 거래 데이터만으로는 파악할 수 없는 정보들이 담긴 비재무 정보도 추가로 함께 활용할 수 있다.

기업 신용 평가 시에는 일반적으로 국제적으로 통용되는 바젤(Basel)에서 정하는 기준에 따라, 해당 기업이 금융회사의 채무를 90일 이상 연체(past due criterion)하거나, 담보 처분과 같은 상환 청구 조치를 취하지 않으면 기업으로부터 채무를 상환받지 못하는 상황에 직면했다고 판단(unlikely to pay criterion)되는 경우를 '부도'로 정의하며, 평가 결과는 모형을 통해 산출된 값을 등급의 형태로 기호화하여 산출한다. 우리나라의 대표적인 기업 신용 평가 회사인 나이스평가정보와 한국평가데이터 등에서는 부도 가능성에 따라 기업의 신용도를 10개 등급으로 서열화하고 AAA에서 D까지 기호화하여 최종 등급을 산출하고 있다(최성민, 2018; 이크레더블, 2021).

기존에 활용되어 온 기업 신용 평가 데이터

먼저 기업 신용 평가 분야에서 기존에 오랫동안 활용되어 온 데이터는 재무 정보다. 재무 정보는 매분기 말 또는 매년 말 시점의 재무 상태표나 손익 계산서, 현금 흐름표 등을 통해 과거의 특정 시점을 기준으로 기업의 재무 상태와 채무 상환 능력을 확인하는 것이다. 주요 평가 항목으로는 재무제표에서 확인할 수 있는 수익성, 안정성, 부채 상환 능력, 유동성, 활동성, 성장성, 현금 흐름 등의 지표 등이 있으며, 각각의 항목별 가중치는 기업의 특성이나 규모, 업종에 따라 다르게 산정된다.

한편, 비재무 정보는 계량화될 수 있는 항목과 그렇지 않은 항목으로 구분된다. 먼저 계량화될 수 있는 항목에는 기업 개황, 경영자의 능력, 업력, 종업원 수, 처분 가능 자산, 대기업 계열 여부, 특허 개수나 연구 개발 인력 현황 등의 기술력 보유 판단 지표, 회사 규모 등 기업 신용 평가 시 참고할 수 있는 다양한 요인이 포함된다. 한편 계량화될 수 없는 비재무 정보의 대표적인 것에는 재무 정보만으로는 평가할 수 없는 기업의 신용 위험을 해당 산업이나 기업에 대한 전문성과 경험을 보유한 평가자들이 주관적인 판단으로 정성적으로 평가한 자료들이다. 기업의 위험 수준을 여러 유형의 위험으로 세분화하여 평가하게 되는데, 기업이 속한 산업의 전망을 평가하는 항목인 산업 위험, 대표자의 경영 관리 능력이나 안정성을 평가하는 경영 위험, 생산이나 구매, 판매와 관련된 영업 위험, 정량적인 재무 위험 외에 정성적인 성격의 위험을 평가하는 질적 재무 위험, 업체의 신뢰도 등이 이러한 평가 항목에 해당한다.

이 외에도 기업 신용 평가 회사나 금융회사가 보유한 여신 관련 금융 거래 데이터들로부터 현재 연체 상태나 과거 연체 이력, 해당 기업이 보유한 대출이나 보증의 유형과 기간 등도 함께 확인하고 이를 평가에 활용한다.

대안 데이터의 기업 신용 평가 활용

기업 신용 평가에서도 AI 방법론의 도입으로 인해, 다양한 유형과 더 많은 개수의 평가 항목을 반영할 수 있게 되면서 대안 데이터의 활용이 확대되었다.

개인 신용 평가에서는 금융 이력이 부족한 차주를 평가해야 하거나 차주의 세분화, 모형의 성능 개선 등을 위한 목적에서 대안 데이터를 확보하였다. 반면, 기업 신용 평가에서는 정성적인 평가 항목을 좀 더 반영하기 위한 목적에서 대안 데이터가 활용되었는데, 그 이유는 재무 정보만으로는 기업의 신용 상태를 제한적으로만 확인할 수 있기 때문이다. 평가자들의 사업장 실사 결과나 대표자와의 면담, 산업 전문가 등의 평가 등 정성적인 요인을 추가로 반영하게 되면, 신용 평가 모형이 좀 더 예리하고 정교해질 수 있다.

기업 신용 평가를 위해 활용되는 대안 데이터에는 여러 유형이 존재한다. 주가, 거래량, 시가총액, 종합 주가지수, 변동성 지수 등의 금융 시장 정보가 있으며, GDP 추이, 산업 생산 지수, 생산 능력 지수, 설비 가동률, 기업 경기 실사 지수, 금리, 환율 등의 거시 경제 지표들도 기업의 신용도에 큰 영향을 미칠 수 있으므로 평가에 함께 활용하기도 한다. 최근에는 평가 대상 기업 관련 내용이 포함되어 있는 뉴스, 소셜 미디어, 애널리스트 보고서 등을 통해 비정형 데이터를 수집하고 이를 감성 분석(sentimental analysis) 등의 텍스트 마이닝(text mining) 기법을 통해 긍정과 부정의 신호로 가공하여 평가에 반영하려는 노력들도 존재한다(최성민, 2022).

AI를 활용한 기업 신용 평가와 데이터 이슈

기업 신용 평가는 개인 신용 평가와 달리, 금융 소비자에 대한 보호 이슈에서 상대적으로 자유롭다. 그 이유는 기업에 자금을 빌려주거나 투자한 다수의 이해관계자들이 존재하고, 기업의 신용도를 확인하려는 수요가 꾸준히 있기 때문에, 기업 신용 평가의 결과는 최대한 외부에 투명하게 공개될 수 있도록 관리되기 때문이다. 따라서 개인의 경우처럼, 금융 소비자 보호를 위해 신용 평가에 활용하는 데이터나 평가 결과에 대한 규제(예: 차별 금지를 위한 평가 항목 이용 제한, 설명 요구권 보장 등)는 없거나 덜한 편이다.

다만, AI를 기업 신용 평가에 도입하게 될 때, 데이터 측면에서 고려해야 할 몇 가지 이슈가 있다. 먼저 현장 실사나 경영진 인터뷰 등을 통해 수집하게 되는 정성적 인 성격의 비정형 데이터를 계량화하는 방법을 연구하여 AI 모형에 반영할 수 있게 하는 일이다. 다른 하나는 비외감 기업이나 소규모 법인, 혹은 개인 사업자와 같이 재무제표가 없거나 신뢰도가 낮은 재무 정보만 있는 경우 어떠한 방식으로 신용 평가를 할 것인지에 대한 판단이다. 현재는 대표자의 개인 신용 평가 결과나 비재무 정보 등으로 평가하고, 정보 부족으로 인한 불확실성을 반영하여 등급을 하향 조정하는 경우가 대부분이다.

따라서 만약 재무 정보 없이 대안 데이터를 활용하려면 그것만으로도 충분히 신용도를 확인할 수 있다고 판단할 정도의 성능이 확보되어야 한다. 또한 매월, 실시간으로 데이터 갱신이 이루어지는 개인 신용 평가와 달리, 기업 신용 평가를 위한 항목들은 분기나 연 단위로 갱신이 이루어지므로 갱신 주기를 단축하여 평가를 정교화하는 방법도 연구해 볼 필요가 있다.

참고문헌

이크레더블(2021). 기업신용평가체계.
https://www.ecredible.co.kr/images/ecredible_rating.pdf

최성민(2018). 기업 신용평가모형의 현황과 변화 트렌드. ≪한국신용정보원 CIS이슈리포트≫, (6), 1-13쪽.

최성민(2022). 『An empirical study on credit evaluation model for sole proprietor based on the reference model』. 연세대학교 대학원 박사학위 논문.

06

기업 신용 평가와 AI (2): 방법론

기업 신용 평가에 AI를 도입하면서 방법론 측면에서도 많은 발전이 이루어졌다. 그간 기업 신용 평가 모형에 활용되어 온 방법론은 계량 모형과 비계량 모형을 조합한 형태였는데, 최근 AI 방법론을 적용하여 계량 모형의 성능을 향상시키려는 노력들이 이어지고 있다. AI 도입 이후, 기업 신용 평가 모형의 방법론 측면의 변화 양상을 살펴보고 함께 고려해야 하는 이슈들에 대해 살펴본다.

AI와 야구?

기업 신용 평가와 방법론

기업 신용 평가 모형은 재무 계량 모형, 비재무 계량 모형, 비재무 비계량 모형, 대표자 모형 등 여러 세부 모형을 조합하여 등급을 산출하는 구조다.

먼저 재무 계량 모형은 재무 상태표, 손익 계산서, 현금 흐름표 등에서 확인할 수 있는 재무 정보를 활용하여 계량적인 통계 모형으로 평가 결과를 산출하는 방식의 모형을 의미한다. 비재무 계량 모형은 해당 기업의 재무 정보로 확인할 수 있는 재무적 특성 외에 별도로 조사된 비재무 정보 중 계량화가 가능한 평가 항목들을 반영하여 통계 모형으로 평가 결과를 산출하는 모형이다. 비재무 비계량 모형은 평가자의 주관적인 경험과 판단에 기초한 시장 위험, 기술 위험, 산업 위험 등에 대해 5점 척도 등의 형태로 구성된 평가표를 작성하고 이 평가표에 기반하여 평가 결과를 산출하는 모형을 말한다. 마지막으로 대표자 모형은 기업의 신용도가 대표자의 특성과 신용도가 서로 관련성이 있다는 가정하에서 대표자 개인의 신용 정보 중 기업 신용도에 영향을 미칠 수 있는 항목들을 반영해 평가하는 모형을 말한다(최성민, 2018a).

기업은 규모나 유형, 업종 등의 측면에서 구별되는 특

징을 가지고 있는 경우가 많다. 그렇기에 해당 기업의 특징에 따라 세부 모형들의 적용 여부나 각각의 모형에서 산출된 등급별 가중치가 서로 다르게 적용된다. 예를 들어, 대기업인지 중소기업인지, 법적으로 외부 감사인으로부터 회계 감사를 의무적으로 받아야 하는 외감 기업인지 그 기준에 해당되지 않는 비외감 기업인지, 개인 사업자인지 법인 사업자인지, 혹은 제조업에 속하는 기업인지 서비스업에 속하는 기업인지 등에 따른 차이다.

또한 세부 모형들을 통해 산출된 각각의 등급은 등급별 가중치에 따라 가중합으로 계산된 결합 등급으로 재산출되는데, 이때의 결합 등급은 다시 기업 신용 평가 회사나 금융회사의 내부 여신 정책에 따라 재조정되어 최종적인 신용 등급으로 결정된다. 등급 재조정 과정에서는 경기 변동이나 특정 사건, 우발 채무, 실사, 자료의 신뢰성 등 다양한 추가적 검토가 이루어지며, 이러한 고려사항들을 검토하여 등급을 상향 또는 하향 조정하는 과정을 거치게 된다.

기업 신용 평가에 정성적인 요소가 들어가는 이유

기업 신용 평가는 자동화된 형태의 개인 신용 평가와 달리, 모형에서 산출된 평가 결과에 사람이 직접 개입하여 정성적인 형태의 조정 과정을 거친 후에야 최종 결과가 결정되는 경우가 많다.

그 이유는 기업 신용 평가의 결과가 평가 대상 기업은 물론, 금융 시장 전반에 미치는 파급 효과가 매우 클 수 있고, 혹여 평가 결과가 안 좋게 나오기라도 한다면, 해당 기업의 금융 활동이나 주가, 영업, 거래 등에 큰 영향을 미칠 수밖에 없기 때문이다. 평가 대상 기업의 대출 채권을 보유 중인 금융회사와 해당 기업에 투자한 개인·기관 투자자, 거래 관계에 있는 관련 기업 경영진 등 다수의 이해관계자는 그 기업의 신용 평가 결과를 중요한 판단 지표로 삼아 의사 결정에 활용할 것이다.

따라서 최종 신용 등급의 결정에서 신중한 검토가 필요한 것은 어쩌면 당연한 일이며, 특정 기업의 최종 신용 등급을 산출할 때에는 모형에서 도출된 결과에만 의존하지 않고 관련 평가자들이 함께 모여 종합적으로 판단할 수 있는 형태의 위원회 등에서 등급을 재조정할 수 있는 절차를 마련해 두고 있다.

기업 신용 평가 모형과 AI 방법론

기업 신용 평가 모형에서의 AI 방법론 적용은 앞서 언급한 계량 모형과 비계량 모형 중 주로 계량 모형을 중심으로 진행되어 왔다. 그간 계량 모형에서 사용되어 온 방법론은 개인 신용 평가 모형과 마찬가지로 로지스틱 회귀 방법론이었는데, 그 이유는 기업 신용 평가 역시, 부도인지 정상 거래인지를 판별하는 이진 분류(binary classification) 문제를 푼다는 점에서 접근 방식이 동일하기 때문이었다.

기업 신용 평가를 위한 계량 모형은 1968년 뉴욕대학 교수였던 에드워드 올트먼(Edward Altman)이 개발한 'Z-스코어' 모형에서 그 역사가 시작되었다. 이 모형은 평가 대상 기업의 운전 자본, 이익 잉여금, 세전 이익, 매출액 등과 총자산을 비교한 재무 비율을 활용해 기업의 부도 가능성을 예측한 모형으로서, 기업의 신용도를 재무 정보를 활용해 예측하고 이를 점수화한 최초의 기업 신용 평가 모형으로 크게 주목받았다. 이후 다양한 통계 방법론을 적용한 모형들에 대한 연구가 이루어졌으며 최근에는 기존의 통계 방법론의 한계를 극복하면서도 성능을 향상시킬 수 있는 머신 러닝 방법론을 적용한 모형들이 시도되고 있다.

한편, 비재무 정보를 계량화하여 계량 모형에 반영하기 위한 시도들도 있어 왔는데, 전문가들의 주관적인 판단 요소들을 계량화하기 위한 방법론으로서 각각의 판단 요소들을 계층 구조로 구성하고 판단 요소들 간의 쌍대 비교로 정성적인 판단을 계량화하여 의사 결정을 지원하는 AHP(analytic hierarchy process)가 주로 연구되었으며 이후 퍼지(fuzzy) 기법을 접목한 연구들도 이어져 왔다(최성민, 2022).

한편, 기업 신용 평가 모형에는 입력값과 출력값 간의 복잡한 관계를 인공 신경망 속에서 비선형 형태로 학습하여 모형의 성능을 크게 향상시킬 수 있는 딥러닝(deep learning) 기법을 좀 더 수월하게 활용해 볼 수 있다. 그 이유는 최근 들어 딥러닝을 활용할 수 있는 방대한 양의 데이터와 고성능 하드웨어가 갖춰진 환경이 조성되었기 때문이기도 하지만, 개인 신용 평가 모형과 달리, 신용 등급의 변동을 별도로 고지해야 하거나 결과에 대한 설명 의무를 이행해야 하는 규제가 없기 때문이기도 하다. 이로 인해 평가의 과정과 결과에 대한 해석과 설명이 어려우나, 모형의 성능이 상대적으로 높은 알고리즘을 적용해 볼 여지가 더 많다.

기업 신용 평가와 그 밖의 신용 평가 모형

기업은 그 특징에 따라 여러 형태로 구분하여 평가할 수 있는데, 금융회사에서는 일반적으로 기업의 범주 내에서 개인 사업자와 법인 사업자로 구분하여 신용 평가를 진행하는 경우가 대부분이다.

개인 사업자는 법인 사업자와 달리 대표자가 경영의 모든 책임을 지는 사업자를 의미하는데, 사업장에서 매출을 일으켜 이익을 취하는 경제 주체라는 점에서는 기본적으로 기업의 특성을 띠고 있으나, 법인 사업자에 비해 상대적으로 규모가 작고 대표자 개인의 신용 상태와 경영 능력이 해당 개인 사업자의 채무 상환 여부에 결정적인 요인으로 작용한다는 점에서 기업과 개인의 특성이 혼재되어 있다고 볼 수 있다.

따라서 개인 사업자 신용 평가를 위해서는 사업장의 매출액이나 업종, 상권 등에 대한 데이터뿐만 아니라 대표자 개인의 신용 정보도 함께 반영해야 할 필요가 있다. 그러나 현실적으로 활용할 수 있는 데이터는 크게 부족한 실정이며 개인 사업자의 재무 정보는 정리된 자료가 없거나 있다 하더라도 신뢰할 수 없는 경우가 많아 활용 가능한 재무 정보가 매우 부족하다는 한계점이 있다. 따라서 보통은 현장 실사나 대출 수요자가 제출한 자료, 별도의 추가 데이터 수집 등의 방식으로 비재무 정보를 수집하여 평가에 활용하거나 전문가 판단에 의한 주관적인 평가를 진행하는 형편이다.

금융회사 등에서 개인 사업자만을 위한 별도의 모형을 활용하는 경우도 있으나, 일반적으로는 기업 신용 평가의 틀 내에서 법인 사업자와 대비되는 개인 사업자의 특성을 반영하거나, 앞서 언급한 기업 신용 평가 모형의 세부 모형들 중 대표자 모형으로 평가를 진행하는 경우가 많다. 다만 최근 몇 년 사이 등장한 국내외 핀테크 기업이나 인터넷 전문 은행에서는 이러한 개인 사업자 신용 평가의 한계점을 극복하고 여전히 수요가 존재하는 개인 사업자 시장을 공략하기 위해, 전자 상거래 매출 정보나 신용카드사 가맹점 거래 정보, 그 밖의 다양한 비재무 정보를 반영할 수 있는 AI 신용 평가 모형을 개발하는 등 다양한 접근 방식을 시도하는 중이다(최성민, 2018b).

한편, 기업 신용 평가 범주 내에는 기술 신용 평가의 영역도 존재한다. 기술 신용 평가는 2014년부터 금융 당국에서 추진한 기술 금융 활성화 정책의 일환으로, 신용도는 다소 낮으나 우수한 기술력을 보유한 기업에 대해 대출이나 투자 등의 자금 지원을 확대해 보자는 취지에서 시작되었다. 기술 신용 평가 모형은 이러한 정책적 배경에서 시작되어, 기술을 보유한 기업의 기술력과 기업

자체의 신용을 함께 고려한 여신 심사를 지원하기 위한 목적에서 활용되어 왔으며, 기술력을 1~10등급으로 평가한 T등급과 일반적인 기업의 신용도를 평가한 CB등급을 가중합하여 기술 신용 등급(TCB등급)을 산출하는 구조로 이루어져 있다(이철흠, 2018).

참고문헌

이철흠(2018). 기술신용평가모형의 현황 및 발전방향. ≪한국신용정보원 CIS이슈리포트≫, (10), 1-16쪽.

최성민(2018a). 기업 신용평가모형의 현황과 변화 트렌드. ≪한국신용정보원 CIS이슈리포트≫, (6), 1-13쪽.

최성민(2018b). 소상공인 신용평가모형의 현황과 특징. ≪한국신용정보원 CIS이슈리포트≫, (9), 1-8쪽.

최성민(2022). 『An empirical study on credit evaluation model for sole proprietor based on the reference model』. 연세대학교 대학원 박사학위 논문.

07
AI 신용 평가와 공정성

AI를 활용하여 신용 평가 모형의 성능을 높이게 되면, 채무 상환 가능성이 높은 차주와 그렇지 않은 차주를 변별하는 능력이 극대하되어 차별이 더욱 가속화될 위험이 있다. 또한 학습 데이터에 대한 과도한 의존과 이에 따른 편향 강화는 신용 평가의 기본 가치인 공정성을 훼손할 우려가 있다. 이 장에서는 AI 신용 평가 도입으로 인해 발생할 수 있는 공정성과 차별 이슈에 대해 다룬다.

AI와 윤동주?

신용 평가의 공정성과 AI

AI 기술은 지금 이 순간에도 끊임없이 개발되고 있으며, 신용 평가 모형에 활용할 수 있는 분류 알고리즘도 꾸준히 늘어나고 있는 추세다. 또한 최근 들어 AI를 적용한 신용 평가 모형 연구나 이와 관련된 비즈니스가 활발히 이루어지면서, 그간 고려되지 않았던 새로운 이슈들도 대두되고 있는 모습이다.

은행이나 카드사와 같은 금융회사가 적정한 위험 수준을 유지해 나가기 위해서는 신용 평가 모형의 변별력과 예측력을 극대화하여 수익성을 확보함과 동시에 금융 소비자를 보호할 수 있는 균형점을 찾는 것이 필요하다. 특히 신용 평가 제도가 생겨난 이래 평가 과정의 합리성과 결과의 공정성 · 신뢰성은 반드시 고려해야 할 기본 원칙으로 여겨지고 있으며, 금융 소비자의 보호 측면에서도 중요하게 다루어야 할 이슈임은 분명하다.

그러나 AI 신용 평가는 개선된 알고리즘을 통한 신용 평가 모형의 성능 향상을 통해 금융회사에 수익성이라는 편익을 제공할 수 있는 반면에, 금융 소비자 간 차별을 심화시키거나 공정하게 이루어져야 할 신용 평가의 원칙을 훼손할 우려가 있다. 따라서 이러한 관점에서 AI 신용 평가에서의 공정성 이슈에 대해 좀 더 상세하게 살펴보고자 한다.

모형의 성능 향상 vs. 금융 소비자 보호

신용 평가 모형의 성능 향상은 금융 소비자 보호의 가치와 필연적으로 상충 관계가 있을 수밖에 없다. 그 이유는 차주의 채무 불이행 가능성을 예측하여 우량 차주와 불량 차주를 구분하는 능력을 극대화한다는 의미가 결국 우량 차주와 불량 차주 간의 격차를 더 넓히는 것을 말하는데, 금융 소비자 보호 측면에서는 오히려 이러한 차이를 줄여 불합리한 차별과 불이익을 없애는 것이 주된 목적이므로 상호 간의 가치는 양극단에 있다고 볼 수 있는 것이다. 즉, AI 신용 평가는 기존 방법론에 비해 성능을 크게 높일 수 있다는 장점이 있는 반면, 이것에 대한 반대급부로 차별을 더욱 공고화할 수 있다는 부작용이 존재하는 것이다.

학습 데이터에 의한 편향 강화와 과적합

AI 신용 평가의 경우, 주어진 과거의 학습 데이터를 이용하여 모형을 개발하여 이렇게 개발된 모형으로 실제 현실의 데이터에 대한 평가를 진행하는 구조다.

이때 학습 데이터에 포함되는 평가 항목은 모형을 설

계하고 개발하는 사람의 주관적 판단이나 데이터 수집 여건 등에 의해 결정되는 경우가 많다. 만약 차별과 편향의 위험성이 있는 변수가 모형에 반영되는 경우, 해당 변수의 영향력은 모형의 학습이 계속될수록 커지게 되며, 모형의 성능 향상에 따라 신용 평가의 차별과 편향에 대한 효과가 더욱 강화되는 결과를 낳게 된다. 특히 문제가 되는 것은 AI 기술이 차별적 요소와 편향이 반영된 학습 데이터를 경로 의존적으로 재생산한다는 것인데, 이는 사회적으로 고착화된 차별구조를 더욱 악화시킬 수도 있다(고학수 외, 2019).

또한 AI 신용 평가는 AI 방법론의 대표적인 단점 중 하나로 언급되는 과적합의 위험도 상존한다. 과적합은 구성된 모형이 학습 데이터에 지나치게 의존된 형태로 학습되면, 학습 데이터로 만들어진 모형에서는 올바른 결과가 출력되지만 실제 데이터를 적용하면 오차가 커지는 현상을 의미한다.

학습 데이터를 아무리 많이 보유하더라도, 실제 데이터 모두를 수집하는 것은 현실적으로 불가능하다. 그래서 일반적으로는 실제 데이터의 부분 집합인 표본으로 모형을 개발하게 되는데, 이때 학습 데이터로 사용되는 표본이 실제 데이터를 대표할 수 있는지를 체크해 보는 일은 매우 중요하다. 데이터의 양이 아무리 많아도 학습 데이터로 사용하게 될 표본이 편향되어 있다면 그 표본은 현실 세계의 전체 모습을 대표할 수 없고, 과적합의 위험성이 더 커질 수밖에 없기 때문이다.

그러므로 학습 데이터를 결정하는 과정이 합리적인 기준으로 이루어지는지 확인하여 학습 데이터로 인한 모형의 차별과 편향을 방지해야 함은 물론, 과적합 여부의 점검과 함께 학습 데이터에 대한 지속적인 갱신 등이 이루어지는지를 확인함으로써 신용 평가의 대상이 되는 금융 소비자를 보호할 수 있어야 할 것이다.

신용 평가의 공정성 기준 사례

이러한 AI 신용 평가의 단점을 극복하기 위해서는 공정성 이슈를 해결할 수 있는 방안을 찾아야 한다. 개인 신용 평가의 공정성 기준에 대해서는 그간 다양한 논의가 있어 왔는데, 그중 대출 심사 과정을 예시로 실증 분석을 진행한 연구에서는 공정성의 기준을 차별적 항목의 사용 제한을 통한 공정(unawareness), 인구 통계학적인 측면의 공정(demographic parity 또는 equal parity), 기회의 공정(equal opportunity) 등의 세 가지로 보고, 각각의 기준 변화에 따른 데이터 분석 결과를 보여 준 바 있다.

이 결과에 따르면, 각 기준별로 대출 승인 결과나 모형의 정확성에 차이가 발생하였으며 각각의 기준에 따른 장단점이 존재하여 절대적으로 우월한 결과는 없는 것으로 나타났다. 이 연구를 통해 알 수 있는 사실은 AI 신용 평가의 도입으로 인해 발생할 우려가 있는 공정성 문제와 차별 이슈는 사회적 합의를 바탕으로 의사 결정이 이루어져야 한다는 것이다(Hardt et al., 2016).

AI 신용 평가와 관련하여 구체적으로 공정성을 확인할 수 있는 표준화된 평가지표는 아직 없는 상황이다. 또한 한 가지 지표만으로 모든 상황에 공통적으로 적용할 수 있을 것으로 보는 것도 현실적이지 않다. 특정 사안에 대한 사회적 맥락이나 상황에 따라 공정성에 대한 기준은 달라질 수 있기 때문이다. 따라서 향후 이 부분에서는 어떤 경우에 어떤 평가 지표를 적용해야 하는지를 충분히 논의해야 할 것으로 보인다(고학수, 2022; Kleinberg et al., 2016).

AI 신용 평가와 공정성을 위한 노력

현재 우리나라에서는 「신용 정보의 이용 및 보호에 관한 법률」 등의 법률을 통해, 개인 신용 평가에서 성별, 출신 지역, 국적 등으로 차별하는 행위와 신용 평가 모형을 만들 때 특정한 평가 항목을 합리적 이유 없이 유리하게 또는 불리하게 반영하는 행위 등을 철저히 금지하고 있다.

또한 2012년 감사원 감사를 통해, 모 시중 은행에서 학력을 별도 평가 항목으로 반영하여 학력에 따라 개인 신용 평점을 차등 적용한 사실이 이슈가 된 이후, 은행연합회에서는 은행권 자율 규제 형태의 '불합리한 차별 행위 방지 모범 규준'을 마련하기도 하였는데, 이 규준에서는 성별, 종교, 장애, 나이, 출신 지역, 출신 국가, 용모 등 신체 조건, 혼인 여부, 학력 등을 차별 금지 사유로 규정하여, 신용 평가 시 합리적인 이유 없는 차별 행위를 금지하고 있다(은행연합회, 2012.10.31).

그러나 단순히 차별적인 평가 항목의 사용을 금지한다고 하여 공정성과 차별 이슈가 해결되는 것은 아니다. 차별적인 요소가 있는 평가 항목과 높은 상관관계를 가지는 대체 변수(proxy variables)가 존재할 가능성이 있기 때문이다. 그것은 단순히 해당 평가 항목을 사용하지 않는다고 하더라도, 유사한 성격의 항목을 반영하면 차별적인 요소가 충분히 반영될 수 있는 구조라는 의미다. 특정 변수를 가려 모형이 그 변수의 영향력에서 벗어나려면 해당 변수가 다른 변수와의 관련성이 없음을 증명해야 하는데, 완벽하게 관련성이 없다는 사실을 증명하기에는 현실적으로 어려운 것이 사실이다. 더구나 우리가 차별의 원인으로 지적하는 변수들이 사회적인 의미를 담은 것들이기에 더욱 그렇다. 또한 평가에 강력한 요인으로 작용했던 차별적 변수를 제한하게 되면, 정확한 평가가 어려워지면서 금융회사들이 채무 불이행 위험을 줄이기 위해 보수적인 정책을 취할 위험성도 있다. 이렇게 되면 취약 집단에 혜택이 가는 것이 아니라, 오히려 취약 집단에 크게 불리하게 되는 역설적인 결과를 초래할 수도 있는 것이다.

AI 신용 평가로 더욱 심화될 수 있는 신용 평가의 공정성과 차별 이슈에 대한 문제는 앞으로도 심도 있는 고민이 필요하다. AI 알고리즘으로 인한 공정성 훼손은 신용 평가의 영역을 넘어 금융 생활 전반에 치명적인 영향을 미칠 수 있기 때문이다. 따라서 사후적인 오류 수정보다는 사전 예방을 위해서 신용 평가의 공정성과 신뢰성을 확보할 수 있는 사회적 합의와 이에 따른 금융 규제, 구체적인 제도 방안 등이 마련되어야 하며, 이와 동시에 AI 신용 평가에 따른 자동화된 평가 결과와 판단, 충분한 검토의 필요성 등을 위해 금융회사의 책임성도 점차 강화해야 할 것이다.

참고문헌

고학수(2022). 『AI는 차별을 인간에게서 배운다』. 21세기북스.

고학수 외(2019). 인공지능과 차별. ≪저스티스≫, 171, 199-217쪽.

은행연합회(2012.10.31). [보도자료] 은행권, 「불합리한 차별행위 방지 모범규준」 제정·시행.

Hardt, M., et al.(2016). Equality of opportunity in supervised learning. In *Proceeding of the 30th Conference on Neutral Information Processing Systems* (NIPS 2016) (pp.3323-3331).

Kleinberg, J., et al.(2016). Inherent trade-offs in the fair determination of risk scores. doi:10.48550/arXiv.1609.05807

08

AI 신용 평가와 설명 가능성

AI 신용 평가는 알고리즘의 특성상 평가 과정과 결과에 대한 투명한 해석과 설명이 어렵다는 한계점이 존재한다. 하지만 신용 평가 분야에서는 금융 소비자 보호와 규제 차원에서 모형의 해석이 가능하고, 설명 가능한 형태로 만들어져야 한다는 선결 조건이 충족되어야 한다. 이 장에서는 AI 신용 평가의 한계점을 살펴보고, 설명 가능성 이슈를 해결하기 위한 각종 기법들과 관련 연구, 국내외 규율 방식을 소개한다.

AI와 한의학?

AI 신용 평가의 한계점

기존의 신용 평가 모형은 평가 항목의 결정에서부터 평가 결과가 산출되는 마지막 단계까지의 모형 설계와 개발 전 과정에 대해 해석 · 설명하기 쉬운 구조로 이루어져 있는데, 그 이유는 모형 개발 시 주로 로지스틱 회귀 방법론 기반의 평점표 방식이 사용되었기 때문이다.

이 방법론은 투입한 기초 변수 중 보통 10~15개 내외의 변수만 유의한 변수로 선택되며 그 변수를 식별할 수 있을 뿐만 아니라 각각의 변수의 중요도(가중치)를 수치상으로 확인할 수 있는 형태다. 또한 0과 1 사이의 확률로 표현되는 결괏값을 평점표 형태로 다시 만들어 1,000점 만점의 신용 평점으로 재산출하게 되면, 개인이 해당 결과에 대해 설명을 요구하는 경우, 어떤 이유로 점수가 상승 · 하락했는지 쉽게 설명할 수 있다는 장점이 있다.

이와 달리, AI 신용 평가는 미리 정해진 몇 개의 금융 거래 데이터가 아니라, 다양한 유형의 비금융 데이터를 추가로 활용할 수 있고 기존보다 상대적으로 더 많은 개수의 변수를 평가에 반영할 수 있다는 장점이 있는 반면, 블랙박스 모형의 속성을 가지고 있어 모형의 해석과 설명이 어렵다는 단점이 존재한다. 특히 인공 신경망 기반 알고리즘을 적용한 모형은 별도 작업 없이는 여러 개의 기초 변수 중 유의한 변수로 선택된 것이 어떤 것인지 식별하기 어렵고, 선택된 변수들 각각의 중요도(가중치)를 확인하기도 어려운 구조를 가지고 있다(Alonso & Carbo, 2020).

그렇기에 AI 신용 평가는 다양한 유형과 다수의 데이터를 활용할 수 있다는 점과 AI 알고리즘으로 변별력과 예측력 등의 모형의 성능을 크게 향상시킬 수 있다는 장점에도 불구하고, 해석과 설명이 어렵다는 단점으로 인해, 금융 소비자 보호와 규제 측면에서의 한계가 존재하게 된다.

신용 평가와 금융 소비자의 권리

모형의 해석과 설명은 신용 평가 분야에서 중요한 이슈다. 그리고 이 이슈는 기업보다는 개인에게 더욱 중요하다. 그 이유는 신용 평가의 대상이 되는 개인은 본인의 신용도를 평가한 결과를 직접 확인하고 평가 결과에 대한 설명을 들을 수 있는 권리와 잘못된 신용 평가 결과에 대해서는 이의를 제기하여 잘못된 내용에 대해 정정할 수 있는 권리를 가지기 때문이다.

신용 평가의 주체인 금융회사의 경우도 마찬가지다. 평가의 대상이 되는 개인에게 결과를 확인시켜 줄 의무와 함께 평가 결과의 이유를 설명할 수 있어야 한다. 그렇기에 우리나라뿐만 아니라 미국과 유럽 등 해외에서도 법적 테두리 내에서 개인 신용 평가 결과에 대한 열람권, 설명 요구권, 이의 제기권, 정정 요구권 등의 권리를 보장하고 있다. AI 신용 평가 역시도 기존의 신용 평가에서 보장되어 온 이러한 권리를 동일하게 지켜 줄 수 있어야 함은 물론이다.

신용 평가 모형의 해석과 설명

이러한 이유에서 AI 신용 평가의 등장과 함께 설명 가능한 AI(explainable AI)에 대한 논의가 이루어지게 되었으며, 설명 가능성(explainability) 이슈는 금융 소비자의 권리 보호와 규제 측면에서 '해석'과 '설명' 측면의 이슈로 목적에 따라 구분되고 있다(고학수 외, 2021).

먼저 해석 가능성(interpretability)은 규제에 대한 고려 사항이다. 곧, 금융 감독 당국이나 자율 규제 기관 등에서 신용 평가 모형의 적정성을 세부적으로 확인하고 점검할 수 있느냐에 대한 것이다. 한편, 설명 가능성은 금융 소비자에서 신용 평가 산출 과정과 결괏값에 대한 설명이 가능한가에 대한 측면이다. 따라서 AI 신용 평가의 설명 가능성 이슈는 이 두 가지 측면이 모두 충분히 고려되어야 한다. 해석과 설명을 어느 수준까지로 정해야 하느냐에 대해서도 여러 어려움이 존재한다. 먼저 해석 가능성 측면에서는 규제 목적에서 금융회사나 신용 평가 회사에 모형에 대한 과도한 투명성을 요구하게 되면 혁신을 추구하고 수익성을 확보하기 위한 유인을 떨어뜨리는 부작용을 초래할 수 있다. 특히 신용 평가에 적용되는 AI 방법론은 영업 비밀이나 지적 재산권 형태로 보호되고 있는 경우가 많기 때문에 금융 소비자나 금융 감독 당국의 요구로 인해 제약이 생기게 되면 혁신 활동이 저해될 수 있고 금융 소비자에 돌아갈 편익도 줄어들 수 있기 때문이다.

금융 소비자에 대한 설명 가능성 측면에서는 평가 결과에 대한 산출 근거와 결과에 대한 설명의 수준을 어디까지로 정해야 하는지가 이슈가 될 수 있다. 설명은 금융 소비자가 이해하기 쉬운 언어로 상세하게 설명해야 하는 것이 원칙이지만, 금융 소비자마다 사전 지식이나 전문성의 수준이 제각각이므로 이해의 정도가 다를 수 있고, 전문적인 설명까지는 원하지 않을 수 있기 때문이다. 또한 과도하게 상세한 설명이 이루어지는 경우, 금융 소비자가 이를 이용하여 신용 평가의 결과를 조작할 위험도 존재한다. 즉, AI 방법론을 적용한 신용 평가 모형의 결과로 불이익을 받게 된 어떤 사람이 해당 알고리즘에 대한 상세 내용을 확인한 후, 자신의 신용도를 높이려 조작 행위를 할 수 있기 때문이다. 이러한 행위는 건전한 신용 질서를 파괴하는 심각한 결과를 초래할 수도 있기에 특별히 조심해야 하는 부분이다. 따라서 금융 소비자 대상의 설명은 합리적인 수준으로 이루어지면서도 적정한 수준에 대해서는 충분한 고민이 필요하다.

또한 모형의 해석 가능성과 설명 가능성의 향상은 모형의 성능 향상과 서로 상충 관계가 성립될 수 있다. 이것이 해석과 설명의 수준을 적정하게 유지하면서도 모형의 성능을 높일 수 있는 최적의 균형점 마련을 고민해야 하는 이유이기도 하다.

설명 가능성 이슈를 해결하기 위한 노력

현재 AI 분야의 설명 가능성 이슈를 해결하기 위해 다양한 연구가 진행되고 있는데, 현재까지의 설명 가능한 AI 기법은 크게는 모형의 의존도와 설명 가능한 범위로 구분할 수 있다. 먼저 모형의 의존도 측면에서는 특정한 모형만을 설명(model-specific)할 수 있는지, 특정 모형에 국한되지 않고 범용적으로 유연하게 설명(model-agnostic)할 수 있는지에 따라 구분할 수 있다. 한편, 설명 가능한 범위 측면에서는 모형이 예측한 모든 결과에 대해 설명할 수 있는 전역적인(global) 기법인지, 일부 특정한 결과만 설명할 수 있는 국소적인(local) 기법인지에 따라 구분할 수 있다.

현재 소개되어 있는 설명 가능한 AI 기법들에는 전역 대체 모델(global surrogate), SHAP(shapley additive explanation), LIME(local interpretable model-agnostic explanations) 등이 있다(World Bank Group, 2019).

먼저 전역 대체 모델은 AI 방법론으로 만들어진 모형의 목표 변수(target variable)를 가지고 로지스틱 회귀나 의사 결정 나무 등 직관적으로 설명 가능한 모형의 형태로 복제하면서 쌍둥이 모형을 만드는 방식이다. 이 방식을 이용하면 AI의 장점을 살리면서도, 선택된 변수의 식별과 가중치 확인이 가능해진다. 한편, SHAP는 경제학에서 활용되는 게임 이론(game theory)에 이론적 근거를 두고 목표변수에 대한 개별 설명변수의 기여도를 새플리 값(Shapley value)으로 확인하는 기법을 말하며, 전역 대체 모델과 SHAP 모두 모형 유형에 상관없이 전역적인 설명이 가능한 기법(model-agnostic & global)의 대표적 예라고 할 수 있다.

LIME은 용어에서도 알 수 있듯이, 특정한 예측값 근처에서만 설명 가능한 기법인데 다른 말로는 국소 대체 모델(local surrogate)이라고도 불린다. 이 방법은 일부의 데이터 집합(특정 사건)의 대해 그 주변에 근삿값 데이터를 생성한 후 원본 모형과 유사한 모형을 만들고 원본 모형이 특정 예측값에 도달하기까지의 과정을 이해할 수 있도록 만드는 기법이다.

다만, 현재 여러 가지의 설명 가능한 AI 기법들이 연구되고 있음에도, 금융 분야에서, 그리고 AI 신용 평가에서 표준화된 방법은 없는 상황이다. 따라서 향후 연구의 발전 속도를 지켜보면서 검증된 기법을 규제 틀 내로 포함시킬 수 있는 방안에 대해 검토해 볼 필요가 있다. 또한 AI 신용 평가 도입에서 모형의 성능 향상과 해석 · 설명의 수준이 조화를 이룰 방법에 대한 검토도 필요하다. 설명 가능성 이슈는 앞으로도 AI 방법론을 적용하여 신용 평가 모형을 개발 · 운영하는 금융회사와 금융 소비자 모두에게 중요한 숙제가 될 것이다.

참고문헌

고학수 외(2021). 『인공지능 원론: 설명가능성을 중심으로』. 박영사.

Alonso, A., & Carbo, J.(2020). *Machine learning in credit risk: Measuring the dilemma between prediction and supervisory cost* (Banco de Espana Working Paper No. 2032).

World Bank Group(2019). *Credit scoring approaches guidelines.* The World Bank Group.

09
AI 신용 평가와 성능 확인

신용 평가 모형의 설계부터 개발, 검증, 운영 · 모니터링 등 전 과정을 살펴보고, 검증과 모니터링 단계에서 활용되는 모형의 성능 확인 방식에 대해 설명한다. 또한 일반적인 분류 모형과 실무적으로 활용되는 신용 평가 모형의 성능 확인 방식을 비교 설명하고, AI 방법론 적용에 따른 변화에 대해 다룬다. 또한 금융 규제 측면에서의 신용 평가 모형 검증 방식에 대해서도 함께 이야기한다.

AI와 화장품?

신용 평가 모형의 전체 프로세스 구성

신용 평가 모형의 프로세스는 대체로 설계, 개발, 검증, 그리고 운영 · 모니터링의 4단계로 구성된다.

먼저 설계 단계에서는 모형 개발에 쓰일 데이터 항목들을 확인하여 차별적 요소의 포함 여부, 항목의 다양성 수준, 데이터 출처의 신뢰성 등을 종합적으로 점검한다. 또한 데이터 정합성과 무결성 체크를 위해 데이터의 누락이나 중복, 이상치 등을 확인하고 필요시 모형 개발에 적합하도록 데이터 전처리 작업을 함께 진행하게 된다. 정제된 데이터가 확보된 이후에는 '불량'의 요건을 정의하게 되는데, 일반적으로는 3개월 이상 연체된 경우를 '불량', 즉 채무 불이행으로 판단한다. 이러한 과정을 통해 평가 대상의 특성을 고르게 반영하면서 왜곡 없이 평가할 수 있는 모집단 데이터 세트가 정해지면, 이를 기반으로 모형 개발에 필요한 데이터 세트를 선정하게 되는데, 데이터 개수가 충분히 많은 경우에는 임의 추출(random sampling) 방식으로 표본을 구성한 후 이 표본이 모집단을 대표할 수 있는지를 검증하여 최종적인 개발 대상 데이터 세트를 구성하게 된다.

설계가 완료되면, 본격적으로 모형 개발 단계에 들어가게 되는데, 먼저 개발 목적에 적합한 모형 개발 방법론을 정한 후, 선택된 방법론에 따라 모형에 반영할 후보 변수들을 선정하여 이 중에서 평가에 활용할 최종 변수를 결정하는 과정이 진행된다. 모형 개발 방법론이 로지스틱 회귀 방법론인지 AI 방법론인지에 따라 모형 개발의 세부 절차가 상이하지만, 선택된 방법론에 따라 만들어진 모형에 후보 변수를 투입하면 후보 변수들 중 유의성을 확보한 변수들이 선택되는 과정은 동일하며, 이 과정에서 모형의 변별력이나 안정성을 종합적으로 고려하여 최적의 모형을 선택하게 된다. 선택된 모형의 결괏값은 확률 형태로 산출되기 때문에 이를 다시 점수 또는 등급의 형태로 변환하는 과정이 필요하게 되며, 전통적인 통계 모형의 경우에는 결괏값을 평점표 형태로 표현한 후 점수 또는 등급의 형태로의 변환이 이루어진다. 또한 AI 방법론을 적용하는 경우, 모형의 해석과 설명을 위한 추가 개발이 필요할 수 있다.

모형의 설계와 개발이 끝나고 나면, 개발된 모형을 검증하는 단계가 진행된다. 모형의 검증은 모형 설계 시 미리 마련해 놓은 개발 데이터(AI 방법론의 경우, 학습 데이터)와 검증 데이터를 이용하게 되는데, 검증 데이터의 유형에는 홀드아웃 샘플(hold-out sample)과 개발 대상 기간 외 샘플(out-of-time sample) 형태가 존재한다. 홀

드아웃 샘플은 애초에 개발 대상 데이터 세트를 선정할 때 일부는 개발용으로, 일부는 검증용으로 구분하여 별도로 검증 데이터를 마련해 놓는 경우를 말하며, 개발 대상 기간 외 샘플은 시간의 흐름에 따라 과거 이력 데이터를 개발 데이터로, 개발 데이터와 성능 예측 기간이 겹치지 않으면서 성능 확인이 가능한 데이터를 검증 데이터로 구분하는 경우를 의미한다. 이러한 검증 데이터를 활용하여 개발에 사용한 데이터와의 성능을 비교하는 과정을 거치게 되며, 성능 평가 지표로 일정 수준 이상의 성능이 나오는 것을 확인하게 되면 실제 업무에 적용하여 운영이 이루어진다.

모형이 운영되기 시작한 이후에는 1년에 한 번 또는 매달, 분기별로 성능 모니터링을 진행하여 모형이 제대로 작동하는지 점검하게 되는데, 이때 모형의 평가 대상 전체로 점검하거나 데이터 항목의 특성, 모형의 세부 구분, 대출이 진행된 금융업권 등에 따라 구분하여 점검하기도 한다. AI 방법론으로 개발된 모형은 모형 개발 이후 갱신된 데이터를 추가로 재학습하는 절차가 진행될 수 있는데, 재학습 주기와 기준, 데이터 최신성 현황 등을 확인하여 기존 대비 모형의 안정성이 유지되는지 확인할 필요가 있다. 만약 모니터링 과정에서 모형의 변별력이나 안정성이 급격하게 저하되거나 특정 그룹에서 점수 또는 등급이 과도하게 변동되는 경우, 모형의 재개발을 검토해야 한다.

분류 모형의 성능 평가 지표

신용 평가 모형의 가장 큰 목적은 우량한 차주(채무 상환 가능성이 높은 차주)와 불량한 차주(채무 상환 가능성이 낮은, 연체 가능성이 높은 차주)를 구별하는 것에 있다. 따라서 일반적인 형태의 알고리즘들을 사용 목적에 따라 분류와 예측으로 나눠 본다면, 신용 평가 모형은 분류 모형에 해당된다.

일반적인 분류 모형의 성능 확인을 위해서는 실제 값과 모형의 예측한 값을 비교하여 분류가 제대로 이루어졌는지 확인하는 방식인 혼동 행렬(confusion matrix)이 주로 활용된다. 만약 불량한 차주를 Positive로 정의한다면, 실제값이 Positive인지 Negative인지, 예측값이 Positive인지 Negative인지에 따라 구분되는 4가지의 경우의 수를 2×2 행렬 형태로 나타낸 것이 바로 이 혼동 행렬이다. 실제값이 Positive이고 예측값도 Positive인 것을 TP(True Positive), 실제값은 Positive인데 예측값은 Negative인 것을 FN(False Negative), 실제값이 Negative인데 예측값은 Positive인 것을 FP(False Positive), 실제값이 Negative이고, 예측값도 Negative인 것을 TN(True Negative)로 표현하며, 4가지 경우에 해당하는 비율을 조합하여 성능 평가지표를 구성한다. 특히 혼동 행렬은 Positive는 1, Negative는 0으로 표현할 수 있어 결괏값이 이진(binary) 형태인 분류 모형의 성능 측정에 적합하다.

대중적으로 활용되는 성능 평가지표에는 모형이 Positive로 예측한 것 중에서 실제값이 Positive인 비율을 의미하는 정밀도(precision), 실제값이 Positive인 것 중에서 모형이 Positive로 예측한 것의 비율을 의미하는 재현율(recall 또는 sensitivity), 전체 경우의 수를 기준으로 실제값이 Positive인 것을 Positive로 예측한 경우와 실제값이 Negative인 것을 Negative로 예측한 경우, 즉, 모형이 정답을 맞힌 비율을 의미하는 정확도(accuracy) 등의 지표들이 주로 쓰인다(James et al., 2013).

신용 평가 모형의 성능 평가 지표

다만, 일반적인 분류 모형의 성능 평가 지표와 실무에서 신용 평가 모형의 성능 확인을 위해 사용되는 평가 지표는 사뭇 다르다.

모형의 변별력을 확인하기 위한 평가 지표로는 K-S 통계량(kolmogorov-smirnov statistics)과 AUROC(area under ROC curve) 등이 있으며, 안정성을 확인하기 위해서는 PSI(population stability index)가 사용된다.

K-S 통계량은 우량 집단과 불량 집단의 누적 분포 차이를 나타내는 평가 지표로서, 수치상으로 계산할 때는 누적 우량 비율과 누적 불량 비율 간 차이의 최댓값을 가지고 기준값과 비교하게 되는데, 일반적으로 50이 넘으면 최소 기준치는 충족하였다고 평가한다. 한편, AUROC는 X축이 혼동 행렬에서 산출되는 비율을 그래프로 표현한 ROC(receiver operating characteristic) 곡선에서 산출되는 수지로 성능을 확인하며 0에서 1 사이의 산출되는 값에서 일반적으로 0.6 이상을 적정하다고 본다.

현재 AI 방법론으로 개발된 신용 평가 모형의 성능 확인은 별도의 방식이 존재한다기보다는 위와 같이 기존과 동일하게 일반적인 신용 평가 모형의 성능 평가 지표 방식을 그대로 따르는 경우가 대부분이다. 그러나 향후에는 성능 외에도 AI 방법론을 적용하면서 발생할 수 있는 공정성 · 차별 이슈, 학습 데이터의 편향성 등 위험 요소들을 사전에 체크하여 성능과 금융 소비자 보호 간의 최적의 균형점을 찾을 수 있는 종합적인 형태의 평가 지표 개발이 필요할 것으로 보인다.

금융 규제 측면의 신용 평가 모형 성능 확인

현재 우리나라에서 실시하고 있는 금융 규제 관점의 신용 평가 모형 성능 검증 절차에는 금융감독원의 모형 승인 절차와 개인신용평가체계 검증위원회가 있다.

먼저 금융감독원의 승인 절차의 경우, 은행 등의 금융회사는 국제 기준인 바젤 규제를 준수하게 되어 있어, 신용 평가 모형(CSS) 개발이 이루어지면 금융감독원의 승인이 있어야 모형의 운영이 가능하며, 신용 평가 회사에서 운영하는 신용 평가 모형(CB 모형)은 라이선스 허가 신청 시 금융감독원에서 사업 계획과 모형의 구성, 성능 등을 확인하는 과정을 거친다.

또한 한국신용정보원에서 운영하는 개인신용평가체계 검증위원회에서는 「신용 정보의 이용 및 보호에 관한 법률」 제26조의3에 근거하여 개인 또는 개인 사업자 신용 평가 회사가 개발 · 운영하는 모형에 대한 기초 정보의 공정성과 타당성, 모형의 통계적 유의성과 안정성 등을 정해진 절차에 따라 검증하고 있다.

참고문헌

나이스평가정보. 성능지표 산출원리.
https://www.niceinfo.co.kr/creditrating/cb_score_5.nice

James, G., et al.(2013). *An introduction to statistical learning: With application in R*. Springer.

10
AI 신용 평가와 금융 규제

신용 평가 분야의 국내외 금융 규제 흐름과 변화 양상에 대해 살펴보고, AI 신용 평가와 관련한 최근의 금융 규제 이슈와 논의들에 대해 다룬다. 또한 AI 신용 평가의 도입에 대응하기 위해, 금융 산업에 종사하는 직장인과 신용 평가의 대상이 되는 금융 소비자 모두가 갖춰야 할 데이터 · AI 리터러시 역량에 대해서도 함께 이야기한다.

종교와 AI?

신용 평가 분야의 국내외 금융 규제

신용 평가 분야의 금융 규제는 주로 기업보다는 개인에 해당하는 것이 대부분이다. 그 이유는 개인은 기업에 비해 금융 지식이나 자원이 부족할 수밖에 없으므로, 신용 평가 시 불공정한 관행이나 차별적인 요소로 불이익을 받지 않도록 보호받아야 하기 때문이다. 또한 금융 시스템의 안정성 측면도 존재한다. 금융 시스템은 수많은 개인의 신뢰를 바탕으로 작동한다. 게다가 건수 면에서 기업에 비해 개인과 관련된 금융 거래가 전체 금융 시장에서 차지하는 비중이 월등히 높은 편이다. 그렇기에 만약 개인들이 금융회사를 신뢰하지 못하거나, 대규모 금융 피해를 보게 되면, 신용 평가뿐만 아니라 금융 시스템 전반에 큰 혼란이 생길 수도 있다. 그러므로 신용 평가 분야에서 금융 규제를 통해 개인을 보호하는 것은 금융 시스템의 안정성을 지키는 방법이기도 한 것이다.

미국의 경우, 1968년 연방 법으로 「소비자신용보호법(Consumer Credit Protection Act)」을 제정한 바 있으며, 이 법 내에 있는 「공정신용보고법(Fair Credit Reporting Act, FCRA)」과 「신용기회평등법(Fair Credit Opportunity Act, FCOA)」 상에는 개인 신용 평가와 관련한 금융 소비자 보호 조항이 명시되어 있다. 먼저 FCRA는 금융회사가 신용 평가 과정에서 금융 소비자에게 불리한 행위를 하는 경우, 이를 금융 소비자에 통지해야 할 의무를 명시하고 있으며 금융 소비자에게는 매년 1회 무료로 본인의 신용 보고서를 조회할 수 있는 권리와 정확하지 않은 신용 정보에 대해 이의 제기를 할 수 있는 권리를 보장하고 있다. 또한 FCOA는 신용 평가에 인종, 종교, 피부색, 성별, 연령 등의 차별적인 요소의 사용을 금지하는 내용을 담고 있으며 신용 평가의 결과로 인한 대출 거절의 이유를 개인에게 설명해야 하는 의무와, 해당 개인이 금융회사로부터 신용 평가를 받았을 때 불공정한 처우를 받지 않았음을 신용 평가의 주체인 금융회사가 입증해야 하는 의무를 명시하고 있다(김성천, 2013).

유럽에서는 2018년 5월 시행된 「일반개인정보보호법(General Data Protection Regulation, GDPR)」을 통해 개인 신용 평가의 대상이 되는 정보 주체의 다양한 권리를 보장하고 있다. 먼저 정보 주체가 본인의 개인 정보를 누가, 어떤 목적으로, 어떻게 사용하려고 하는지 등의 정보를 명확하고 간결하게 제공받을 권리를 보장하고 있으며, 개인 정보의 처리 여부에 대한 내용을 직접 확인할 수 있는 열람권과 함께 본인에 대한 잘못된 정보나 본인이 원하지 않는 정보에 대해 수정 · 삭제 · 제한할 수 있는 정정권, 삭제권, 처리 제한권도 보장하고 있다. 또한 개인이 자신의 개인 정보에 기반하여 알고리즘에 의해 자동으로 처리될 결과물에 대해 설명을 요구하거나 이의를 제기할 수 있는 권리도 보장하고 있는데, 이러한 권리를 '프로파일링(profiling) 대응권'이라 한다(개인정보보호위원회 · 한국인터넷진흥원, 2022).

우리나라에서는 「신용 정보의 이용 및 보호에 관한 법률」에서 신용 평가 관련 금융 소비자 보호 조항을 명시하고 있다. 먼저 개인 신용 평가 시 성별, 출신 지역, 국적 등으로 합리적 이유 없이 차별하는 행위와 특정한 평가 항목을 유불리하게 반영하는 행위 등을 금지(동법 제22조의4 제2항)하고 있으며, 개인이 본인의 신용 평가에 이용되는 신용 정보를 열람할 수 있는 권리(동법 제35조, 제35조의2, 제35조의3, 제36조)와 설명 · 고지받을 수 있는 권리(동법 제38조, 제38조의3)를 보장한다. 또한 신용 정보의 정정 · 삭제 권리, 자동화 평가 결과에 대한 설명 · 이의 제기권(동법 제36조의2)도 함께 보장한다(신용 정보의 이용 및 보호에 관한 법률, 2024).

AI 도입에 따른 금융 규제의 변화

앞서 살펴본 신용 평가 관련 국내외 금융 규제 내용을 종합하면 크게 3가지로 요약할 수 있다. 첫째, 개인 신용 평가 시 합리적인 이유가 없는 차별이나 불공정은 없어야 한다는 것이다. 둘째, 개인이 신용 평가의 결과를 직접 확인하고 결과에 대한 설명을 요구할 수 있어야 한다는 것이다. 셋째, 잘못된 신용 평가의 결과에 대해서는 이의를 제기하고 잘못된 정보를 정정할 수 있어야 한다는 것이다. 그리고 이러한 3가지 규제 기준은 금융 소비자 보호라는 측면에서 AI 신용 평가에서도 동일하게 충족되어야 함은 물론이다(최성민, 2022).

그렇다면 AI 신용 평가 도입에 따라 추가로 고려해야 할 규제 이슈는 무엇일까. 가장 먼저 확인해야 할 부분은 AI 신용 평가 도입 이후에도 금융 소비자 보호 측면에서의 기존 규제 기준이 충족되는지 여부다.

AI 신용 평가는 머신 러닝과 같은 AI 알고리즘의 특성상 기존의 신용 평가 방식에 비해 학습 데이터의 의존도가 높아질 수 있다. 따라서 평가 대상에 대한 차별적 요소의 반영을 차단하고 신용 평가의 공정성과 신뢰성이 확보될 수 있는 규제 원칙이 마련되어야 한다.

또한 신용 평가의 결과에 대한 설명 요구권 역시 마찬가지다. 기존에 사용되어 온 신용 평가 모형에 비해 AI 방법론 기반의 신용 평가 모형은 방법론의 특성상 해석과 설명이 어려울 수 있다. 따라서 성능의 향상 측면과 금융 소비자 보호 측면의 가치 사이에서 적정한 최적점을 찾을 수 있는 규제 방안이 마련되어야 하며, 설명 가능한 AI 기법의 기술 표준이 마련되는 경우 이를 반영할 수 있어야 한다. 또한 금융 소비자를 대상으로 한 설명력 수준도 과도한 투명성으로 인해 개인에게 정보 피로(information fatigue)를 느끼게 하거나 설명 내용을 바탕으로 신용 평가를 조작할 수 있는 부작용이 발생하지 않도록 적정 수준의 설명력 수준을 유지할 수 있는 규제 방안도 마련되어야 한다.

다만, 과도한 금융 규제는 오히려 혁신을 저해하는 요인이 되기도 한다. 신용 평가 분야도 마찬가지다. AI 신용 평가의 도입으로 신용 평가 분야가 발전하고 있으나 금융 시스템의 안정을 도모하는 금융 소비자 보호의 측면을 고려하면서도 금융 혁신을 저해하지 않도록 적정한 균형점을 찾아야 한다.

최근 유럽집행위원회(European Commission)에서는 세계 최초로 AI 법안을 의결하여 올해 8월부터 시행한 바 있으며 단계적인 시행을 거쳐 2026년에 전면적으로 시행할 예정이다. 우리나라에서도 AI 기술의 발전에 따라 지난 제21대 국회에서 AI 관련 법안 9개가 발의된 적이 있으며 회기 종료로 폐기된 바 있다(법무법인 율촌, 2024). 향후 우리나라에서 AI를 포괄적으로 다룰 수 있는 법률과 제도가 도입된다면, 앞선 논의들을 충분히 고려하여 금융 소비자 보호의 측면과 금융 혁신 사이에서 적정한 지점에 있는 균형 있는 AI 신용 평가 관련 금융 규제가 마련되어야 할 필요가 있을 것이다.

AI 시대를 살아가는 우리의 자세

AI 신용 평가와 같이, 금융 산업에 AI가 확산되면 금융 소비자와 금융회사 간 정보 비대칭의 영역은 점차 더욱 커질 수밖에 없다. 하지만 법과 제도는 어디까지나 빠르게 발전하는 기술의 발전에 후행할 수밖에 없는 것이 현실이다. 금융 규제를 통해 AI의 위험성을 예방하고 금융 소비자를 보호할 수는 있으나 그에 따른 한계가 존재하는 것이다.

따라서 신용 평가의 대상이 되는 금융 소비자는 AI 신용 평가의 위험성에 대비하고 슬기로운 금융 생활을 영위하기 위해, 데이터를 읽고 이해할 수 있는 데이터 문해력(data literacy)과 AI 방법론을 활용한 모델링이 적정한지를 확인할 수 있는 AI 문해력(AI literacy)을 갖추려는 노력이 필요하다.

그리고 그런 의미에서 신용 평가 모형에 대한 이해는 바로 그 시작이 될 수 있다. 신용 평가 모형은 데이터 과학과 AI 기술을 가장 잘 적용할 수 있는 분야이자 금융 분야에서 가장 기초가 되는 모형이기 때문이다.

이제 AI는 데이터 과학자나 AI 전문가들만의 전유물이 아니라, 생활 속 일부로 자리 잡고 있다. AI가 일상화되는 시대를 맞이한 것이다. 그런 점에서 AI가 우리 삶을 윤택하고 편리하게 만들어 주는 도구이기도 하지만 때론 더 어렵게 만들 가능성도 있음을 알고, 어떠한 자세로 이 변화의 흐름을 받아들일지 생각을 정리할 필요가 있다. 특히 금융 산업에 종사하는 직장인이라면, 금융 분야에서 AI 활용에 가장 선두에 있는 AI 신용 평가를 제대로 알아야 할 필요가 있는 것이다.

이 책을 통해 데이터와 방법론 측면에서 AI 신용 평가를 알아 가며 데이터 문해력과 AI 문해력을 갖출 수 있기를 기대한다. 그리고 그 토대를 마련하는 데에 이 책이 조금이나마 도움이 되길 바란다.

참고문헌

개인정보보호위원회·한국인터넷진흥원(2022). 『우리 기업을 위한 2022 EU 일반개인정보보호법 가이드북』. 한국인터넷진흥원.

김성천(2013). 『소비자 차별금지에 관한 연구』(정책연구 보고서 13-04호). 한국소비자원.

법무법인 율촌(2024.8.2). 대한민국 인공지능법안과 EU인공지능법. https://www.yulchon.com/ko/resources/publications/newsletter-view/38055/page.do

신용 정보의 이용 및 보호에 관한 법률(2024). https://www.law.go.kr/법령/신용정보의%20이용%20및%20보호에%20관한%20법률

최성민(2022). 개인 신용평가에서의 금융소비자 보호에 관한 연구: 인공지능 방법론 기반 신용평가모형을 중심으로. ≪금융감독연구≫, 9(2), 65-98쪽.

최성민

한국신용정보원 전략기획팀장으로 재직 중이다. 서울대학교 산업공학과에서 학사, KAIST 테크노경영대학원에서 경영학 석사(MBA) 학위를 취득하고, 연세대학교에서 "An Empirical Study on Credit Evaluation Model for Sole Proprietor based on the Reference Model"로 경영학 박사(Ph.D.) 학위를 받았다. LG CNS 정보기술연구소와 하나금융연구소, 은행연합회 등을 거치며 IT와 금융에 대해 연구했으며 그간 "공개된 개인정보의 신용평가 활용과 법적 쟁점"(2023), "개인 신용평가에서의 금융소비자 보호에 관한 연구: 인공지능 방법론 기반 신용평가모형을 중심으로"(2022), "신용정보법 제·개정에 따른 신용정보업의 변화 연구"(2019) 등 신용 평가 분야에 대한 다양한 논문을 학회지에 게재했다. 『테크노 사피엔스: 디지털로 입고, 먹고, 자는 신인류』(2020)를 공저했으며, 이 중 제4장 "블록체인이 만들어 낸 새로운 비즈니스: 경제&금융"을 저술했다. 금융위원장 표창(2019년), 한국신용정보원장 표창(2020년), 한국정보보호학회장상(2021년) 등을 수상했다.